Klaus-Dieter Tillmann

Datenkommunikation mit dem PC

Anwendung von Mikrocomputern

Herausgegeben von Dr. Harald Schumny

Die Buchreihe behandelt Themen aus den vielfältigen Anwendungsbereichen des Mikrocomputers: Technik, Naturwissenschaften, Betriebswirtschaft. Jeder Band enthält die vollständige Lösung von Problemen, entweder in Form von Programmpaketen, die der Anwender komplett oder in Teilen als Unterprogramme verwenden kann, oder in Form einer Problemaufbereitung, die dem Benutzer bei der Software- und Hardware-Entwicklung hilft.

Band 1 **Digitale Regelung mit Mikroprozessoren**
von Norbert Hoffmann

Band 2 **Wahrscheinlichkeitsrechnung, Statistik**
von Dietmar Herrmann

Band 3 **Mathematische Routinen (Elektrotechnik/Elektronik)**
von Ernst-Friedrich Reinking

Band 4 **Numerische Mathematik**
von Dietmar Herrmann

Band 5 **Video-Textverarbeitung (TI-99/4A und VC-20)**
von Arnim und Ingeborg Tölke

Band 7 **Getriebelehre mit dem Mikrocomputer (SHARP PV-1500A)**
von Hans Bürde

Band 8 **Dienstprogramme für VC-20, Commodore 64 und Executive SX 64**
von Ernst-Friedrich Reinking

Band 9 **Gelenkgetriebe-Konstruktion mit Kleinrechnern (HP Serie 40 und 80)**
von Kurt Hain und Harald Schumny

Band 10 **Angewandte Matrizenrechnung**
von Dietmar Herrmann

Band 12 **Lineare Optimierung mit BASIC auf dem PC-1500A**
von Harald Luther

Band 13 **Interfacing im Apple-Pascal-System**
von Klaus-Dieter Tillmann

Band 14 **DFÜ – Datenfernübertragung im Apple-Pascal-System**
von Klaus-Dieter Tillmann

Band 15 **Textverarbeitung mit dem Commodore 64**
von Arnim und Ingeborg Tölke

Band 16 **Physikalische Experimente mit dem Mikrocomputer**
von Klaus-Dieter Tillmann

Band 17 **Datenkommunikation mit dem PC**
von Klaus-Dieter Tillmann

Anwendung von Mikrocomputern Band 17

Klaus-Dieter Tillmann

Datenkommunikation mit dem PC

Ein Turbo-Pascal-Programm zur Datenübertragung mit IBM PC und Kompatiblen

Springer Fachmedien Wiesbaden GmbH

Warenzeichen

Dieses Buch verwendet folgende eingetragenen Warenzeichen:

Turbo-Pascal ist ein Produkt der Firma Borland International, 4113 Scotts Valley Drive, Scotts Valley, California 95066. In Deutschland wird Turbo-Pascal von Heimsoeth Software, Fraunhofer Str. 13, D-8000 München 5, vertrieben.

IBM PC, IBM AT und **PC-DOS** sind eingetragene Warenzeichen der IBM-Corporation (USA).

MS-DOS ist ein eingetragenes Warenzeichen von Microsoft Corporation USA, vertreten in Deutschland durch die Microsoft GmbH, Erdinger Landstr. 2, D-8011 Aschheim-Dornach.

Intel 8088 ist ein Mikroprozessor (CPU) der Firma Intel Corporation (USA).

Crosstalk ist ein eingetragenes Warenzeichen der Fa. Microstuff (USA), vertreten in Deutschland durch EDV-BV GmbH, Postfach 29, D-8473 Pfreimd.

Mite ist ein eingetragenes Warenzeichen der Fa. MycroftLabs I.

Move-it ist ein eingetragenes Warenzeichen der Fa. Woolf Software Systems.

Plink ist ein eingetragenes Warenzeichen der Fa. Perfect Softw.

Sidetalk ist ein eingetragenes Warenzeichen der Fa. MagicSoftw.

Das in diesem Buch enthaltene Programm-Material ist mit keiner Verpflichtung oder Garantie irgendeiner Art verbunden. Der Autor, der Herausgeber und der Verlag übernehmen infolgedessen keine Verantwortung und werden keine daraus folgende oder sonstige Haftung übernehmen, die auf irgendeine Art aus der Benutzung dieses Programm-Materials oder Teilen davon entsteht.

1987

Ursprünglich erschienen bei Friedr. Vieweg & Sohn Verlagsgesellschaft mbH, Braunschweig 1987
Softcover reprint of the hardcover 1st edition 1987

Umschlaggestaltung: Peter Lenz, Wiesbaden

ISBN 978-3-528-04568-5 ISBN 978-3-663-14190-7 (eBook)
DOI 10.1007/978-3-663-14190-7

Vorwort

Zwei Pressemeldungen Ende 1986 beleuchten schlaglichtartig die wirtschafliche Bedeutung von Computernetzwerken:
- Nach drei Jahren sind am ersten europäischen Computernetzwerk EARN (European Academic and Research Network) bereits 300 Institutionen mit 580 Rechenanlagen in 17 Ländern angeschlossen. EARN ist wiederum mit BITNET in den USA und NETNORTH in Kanada verknüpft.
- Das amerikanische Verteidigungsministerium beabsichtigt, den hochsensiblen und dollarschweren Bereich der kommerziellen Datenbanken teilweise genehmigungspflichtig zu machen.

Der Austausch von Informationen hat in den letzten Jahren einen qualitativen und quantitativen Sprung gemacht, der nur mit der Erfindung des Buchdruckens verglichen werden kann. Datenfernübertragungen spielen heute für IBM-XT oder -AT-Besitzer auf folgenden Gebieten eine Rolle:

- Datentransfer zwischen Geschäftsfilialen, z.B. Abschlüsse oder Lagerbestände.
- Datenübertragung von einem Außenmitarbeiter zur Filiale.
- Datenerfassung z.B. auf einer Baustelle mit einem Taschenrechner und Übertragen der Daten im Büro auf den Firmenrechner.
- Überspielen von Buchungsdaten an beauftragte Steuerberater oder Buchungsunternehmen.

Aber auch das Überspielen von Programmen und Dateien zwischen Computern, die nicht kompatible Laufwerke besitzen und entfernt stehen, kommt in der Praxis häufig vor.

Dieses Buch gliedert sich in sechs Teile:

1. Die Beschreibung der seriellen Schnittstelle mit ihren Registern und Anschlußbelegungen. Sie können mit Hilfe eines

kurzen Programms sofort Daten über diese Schnittstelle senden bzw. empfangen.

2. Die Beschreibung und die Schaltung eines Akustik-Kopplers, die Funktion eines Modems, Pegelwandlung und Frequenzmodulation.
3. Verschiedene kommerzielle Datenfernübertragungsprogramme werden vorgestellt.
4. Der Umgang mit Mailboxen und Hotlines wird beschrieben, Telefonnummern gegeben. Sie erfahren Wissenswertes über Datex-P und Netzwerke. Leider dürfen hier auch nicht die Bestimmungen der Deutschen Bundespost fehlen.
5. Der Befehlssatz und die Bedienung eines eigenen DFÜ-Programms, geschrieben in Turbo-Pascal, werden erläutert.
6. Das gesamte Programm wird aufgelistet.

Sie erhalten also ein Nachschlagewerk zur DFÜ und ein Programm, das den Vergleich mit kommerziellen Programmen jederzeit aufnimmt.

Das Programm verlangt an Hardware einen IBM XT oder AT bzw. hierzu kompatiblen Rechner. Die Programmiersprache ist Turbo-Pascal von Borland International.

Der im Buch verwendete Begriff "Pegel" bezieht sich sowohl auf den logischen Zustand einer Leitung wie auch auf die zugehörige Spannung, wie es im angelsächsischen Sprachgebrauch üblich ist. Unter Pegel versteht man jedoch Spannungsverhältnisse.

Berlin,im Februar 1987 K. Tillmann

Inhaltsverzeichnis

1 Die serielle Schnittstelle

Jedes Zeichen in einer Datei oder auf dem Bildschirm des Rechners besteht aus acht Informationseinheiten, Bits genannt, die aus "Nullen" oder "Einsen" bestehen. Will man ein Zeichen auf ein anderes Gerät übertragen, muß man diese acht Informationseinheiten übermitteln. Dies kann auf zwei verschiedene Arten erfolgen: Daten können parallel oder seriell übertragen werden.

Bei der parallelen Übertragung benötigt man z.B. acht Datenleitungen, um die acht Informationseinheiten gleichzeitig zum Empfänger geben zu können. Zusätzlich braucht man noch zwei Steuerleitungen, um den Anfang der Übertragung und die Bestätigung des Empfangs mitteilen zu können.Diese Schnittstelle heißt Centronics-Schnittstelle und wird z.B. bei Druckern eingesetzt. Die Übertragung ist sehr schnell, funktioniert jedoch nur bei kurzen Entfernungen. Bild 1.1 zeigt die Datenübertragung zwischen einem Computer und einem Drucker.

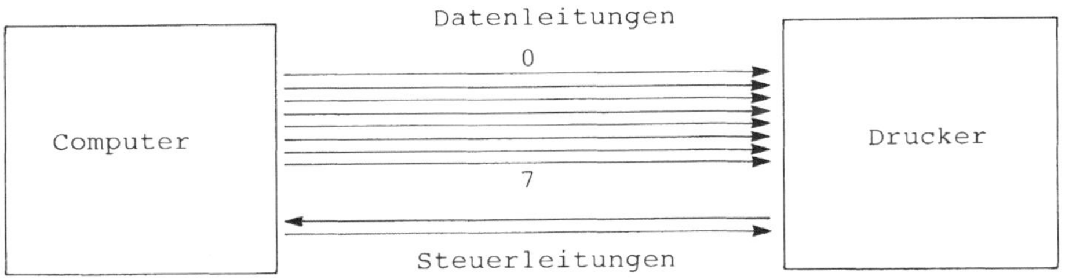

Bild 1.1 Parallele Übertragung zwischen Computer und Drucker

Wenn die Geräte weiter entfernt stehen (auch schon in verschiedenen Räumen eines Gebäudes), werden meistens die acht Informationseinheiten nacheinander übertragen. Hierzu benötigt man nur eine Leitung, z.B. eine Telefonleitung.Damit Sender und Empfänger jedoch richtig miteinander arbeiten, müssen besondere Abmachungen zwischen ihnen getroffen werden. Diese Abmachungen bezeichnet man als Protokoll und die Einzelheiten der Abmachung als Übertragungsparameter. Die V.24-Schnittstelle ist die bekannteste serielle Schnittstelle zwischen Computer und peripheren Geräten. V.24 ist eine Liste von Signalnamen, während die US-amerikanische Norm EIA RS-232-C elektrische Eigenschaften und Steckverbindungen einschließt.Man spricht deshalb auch häufig von RS-232-Schnittstellen. In Deutschland ist sie mit DIN 66020, international nach CCITT V.24 genormt.Bild 1.2 zeigt die Datenübertragung mit Hilfe einer seriellen Schnittstelle.

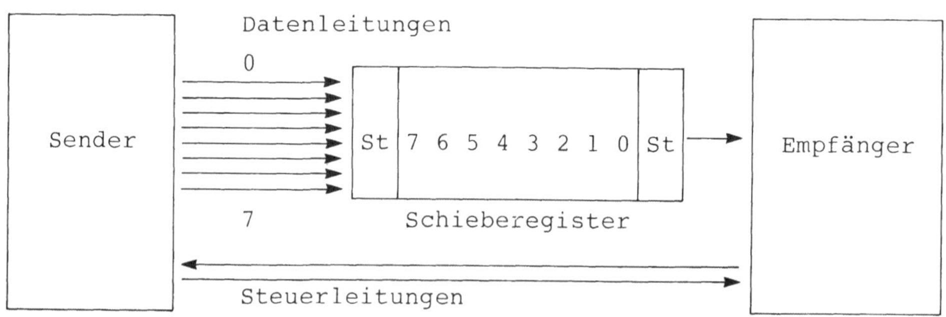

Bild 1.2 Serielle Übertragung zwischen zwei Computern

Fast alle IBM-XT-Computer besitzen eine serielle Schnittstelle. Der Preis ist so niedrig (1986 ab 86,- DM), daß sich ein Eigenbau nicht lohnt. In den Fachzeitschriften (z.B.CHIP) findet man genügend Anzeigen als Bezugsnachweis.

Beim IBM werden die seriellen Schnittstellen mit COM1:, COM2: usw. bezeichnet. Auf der Rückseite findet man ihre Anschlüsse entweder als 25poligen MinD-Stecker (beim IBM XT) oder als 9poligen MinD-Stecker (IBM AT). MinD-Stecker werden manchmal auch als SubD- oder DB9- bzw. DB25-Stecker bezeichnet.

Wir wollen uns als erstes mit diesem Stecker und seinen Anschlüssen vertraut machen. Bei Computern haben wir es immer nur mit zwei Zuständen zu tun: "Null" oder "Eins". Deshalb ist es relativ einfach, die Funktion eines solchen Steckers zu erkennen. Wir schließen an die wichtigsten Anschlüsse Leuchtdioden an, die uns verraten werden, welcher Zustand vorliegt. Wir werden später sehen, daß - anders als sonst - bei der seriellen Schnittstelle "Null" +12 V und "Eins" -12 V bedeuten (Ab S.18 werden die elektrischen Eigenschaften der Schnittstelle genauer erläutert.).Deshalb benötigen wir für jeden Anschluß zwei Leuchtdioden, z.B. eine rote für +12 V und eine grüne für -12 V. Die Dioden können ohne Probleme direkt an die Anschlüsse gelegt werden. Besser ist es jedoch, einen Treiber dazwischen zu schalten. Packt man alles in ein kleines Kästchen mit einer MinD-Buchse auf der einen und einem MinD-Stecker auf der anderen Seite, so hat man einen perfekten Schnittstellentester (in Klammern die Anschlüsse der 9poligen MinD-Buchse).

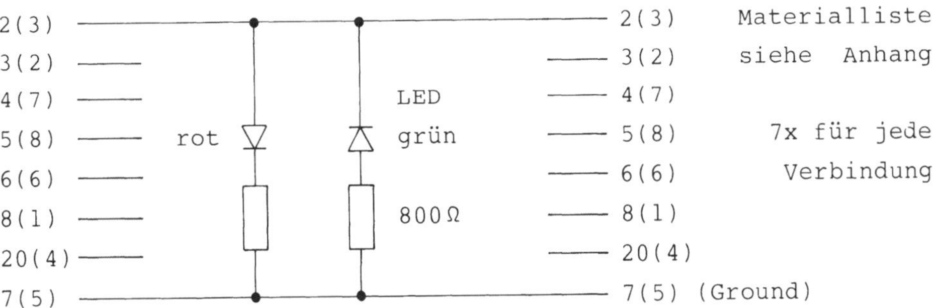

Bild 1.3 Leuchtdioden zur Beobachtung der Schnittstelle

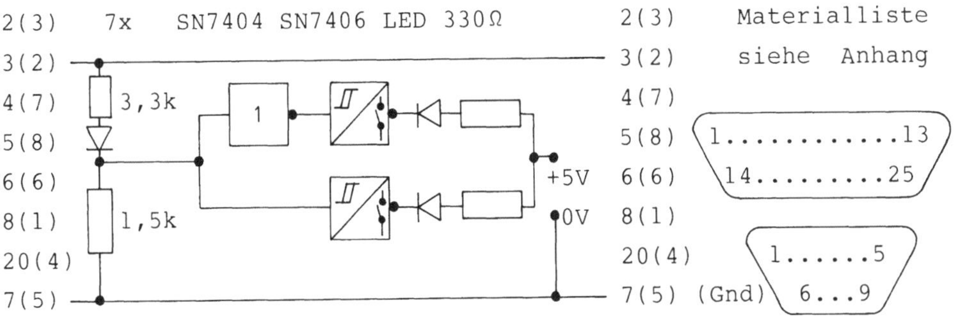

Bild 1.4 Leuchtdioden mit Treiber

Für den Treiber benötigen wir leider eine +5-V-Versorgungsspannung, die Sie sich entweder aus dem Computer besorgen können, oder sich mit Hilfe von 4 Batterien zu je 1,5 V erzeugen (+6 V sind für die Treiber genau so gut. Anschlußbelegung:Bild 2.10). Die Anschlüsse sind für beide Buchsenarten wiedergegeben. Anhand des folgenden Turbo-Pascal-Programms wollen wir jetzt die Funktionsweise der Schnittstelle klären. Geben Sie bitte das Programm im Editor ein und kompilieren Sie es. Wenn Sie nur einen S/W-Monitor besitzen, können Sie natürlich alle Farbanweisungen weglassen. Das Programm ist für die serielle Schnittstelle COM1: geschrieben. Sofern Sie COM2: eingebaut haben, so ändern Sie bitte an der gekennzeichneten Stelle den Wert.

Pascal-Programm SerTest

```
program SerTest;                    { einfaches Programm für COM1: }

type str4=string[4];

var c,ch  : char;
    daten,
    interrupt_set,
    intrpt_erkennen,
    line_control,
    modem_control,
    line_status,
    modem_status,
    Kontrolle,
    Modus,
    Interr,
    Status:integer;

procedure top;
begin
   clrscr;
   textbackground(blue);
   write('      Testprogramm für die serielle Schnittstelle ');
   writeln('COM1:  Ende=<ESCAPE>-Taste      ');
   textbackground(black);
end;
```

```
procedure initialisierung(com,baud,data,stop:integer;par:str4);

var differenz,teiler,msb_baud,lsb_baud:integer;

begin
   case com  of 1:differenz:=0;     { Adressen der Ports 1..4 }
                2:differenz:=256;   { verglichen mit COM1:    }
                3:differenz:=272;
                4:differenz:=280;
   end;
   daten           := $3F8-differenz;  { COM1: $3F8 }
   interrupt_set   := $3F9-differenz;  { COM2: $2F8 }
   intrpt_erkennen:= $3FA-differenz;   { COM3: $2E8 }
   line_control    := $3FB-differenz;  { COM4: $2E0 }
   modem_control   := $3FC-differenz;
   line_status     := $3FD-differenz;
   modem_status    := $3FE-differenz;
   Kontrolle:=128;                    { Bit 7 Teilungsverhältnis }
   port[line_control]:=Kontrolle;     { für Übertragungsgeschw.  }
   teiler:=6*round(19200/baud);       { Teiler für Übertragungs- }
   msb_baud:=teiler div 256;          { geschwindigkeit          }
   lsb_baud:=teiler mod 256;
   port[daten]:=lsb_baud;
   port[interrupt_set]:=msb_baud;
   Kontrolle:=data-5;                 { Bit 1 Stoppbit           }
   if stop=2 then Kontrolle:=Kontrolle+4;     { Bit 2 Stoppbit }
   if (par<>'none') and (par<>'NONE') then
   Kontrolle:=Kontrolle+8;            { Bit 3 Parität erzeugen   }
   if (par='even') or (par='EVEN') then
   Kontrolle:=Kontrolle+16;           { Bit 4 Parität            }
   port[line_control]:=Kontrolle;
   Modus:=3;                          { DTR und RTS gesetzt.     }
   port[modem_control]:=Modus;
   Interr:=0;                         { alle Interrupts sperren  }
   port[interrupt_set]:=Interr;
end;
```

```
procedure polling;
begin
   repeat
      repeat                            { polling; kommt was rein? }
         Status:=port[line_status];
      until ((Status mod 64)>=32) or keypressed;
      if keypressed then                { senden                   }
      begin
         read(kbd,c);
         if c=#27 then exit;            { ESCAPE-Taste             }
         if c=#13 then writeln else write(c);
         repeat                         { Senderegister leer?      }
             Status:=port[line_status];{  Erst dann senden!     }
         until Status in [32..127];
         port[daten]:=ord(c);
      end;
      if Status mod 2=1 then            { empfangen                }
      begin
         ch:=chr(port[daten]);
         if Status in [2..30] then ch:='?';{ Fehler Empfang    }
         textcolor(red);
         write(ch);
         textcolor(yellow);
      end;
   until c=#27;                         { Ende des Programms       }
end;

begin                                   { Hauptprogramm            }
   c:=' ';
   top;
   initialisierung(1,300,7,2,'even');
   { Schnittstelle initialisieren }
   { Die "1"  bestimmt  COM1:;  für  COM2:  "2"  einsetzen. }
   polling;
end.
```

Dieses Programm enthält alle wichtigen Merkmale eines DFÜ-Programms. Sie können jetzt bereits mit anderen Rechnern kommunizieren. Wie immer das Ende zuerst: Mit der ESCAPE-Taste verlassen Sie das Programm und kehren zu Turbo-Pascal zurück.

Empfangen können wir noch nichts, aber senden. Tippen Sie über die Tastatur etwas ein und beobachten Sie die Leuchtdioden, insbesondere die am Anschluß (Pin) 2!

Beobachtet man die LEDs genauer, so stellt man folgende Zustände fest:

	vor dem Start des Programms	**nach dem Start des Programms**
Pin-Nr.	Farbe LED	Farbe LED
2	grün	grün
3	indifferent	indifferent
4	grün	rot
5	indifferent	indifferent
6	indifferent	indifferent
8	indifferent	indifferent
20	grün	rot

(Indifferent = unbestimmt, die übrigen Pins sind nicht angeschlossen (bis auf Pin 7 = Ground)).
Ein Computer setzt **Ausgänge** immer in einen bestimmten Zustand. Ein Fachmann kann hieraus also erkennen:

Pin 2, 4 und 20 sind Ausgänge der seriellen Schnittstelle. Über Pin 2 laufen die Daten. Pin 4 und 20 sind Steuerleitungen, deren Zustände durch das Programm verändert werden.

Pin 3, 5, 6 und 8 sind Eingänge, deren Zustände (noch) nicht definiert sind.

Pin 3 ist das Gegenstück zu Pin 2, über ihn laufen die empfangenen Daten. Weil sein Zustand im Moment indifferent ist, sehen Sie wahrscheinlich, daß alle Zeichen, die Sie eintippen, in einer anderen Farbe doppelt erscheinen. Sie verhindern dies, indem Sie z.B. Pin 3 mit Pin 4 oder 8, die ja einen definierten Zustand haben, verbinden. Andererseits können Sie diese Eigenschaft zu einem Test der Schnittstelle nutzen. Verbinden Sie einfach Pin 2 mit Pin 3: alle gesendeten Daten werden sofort wieder empfangen und auf dem Bildschirm ausgegeben (Die Begründung hierzu finden Sie auf den nächsten Seiten.). Wenn Sie sich um die Steuerleitungen nicht kümmern wollen, können Sie jetzt schon zwei Computer miteinander verbinden: Pin 2 und Pin 3 werden über Kreuz miteinander verbunden.

Wir sind jetzt soweit, die verschiedenen Leitungen zu bezeichnen und ihre Funktion kennen zu lernen.

1.1 Die Leitungen der seriellen Schnittstelle

Ausgänge der seriellen Schnittstelle

Pin	Abkürzung	Bedeutung
2(3)	TD	Transmit Data: Über diesen Pin werden Daten seriell zur Peripherie gesendet.
4(7)	$\overline{\text{RTS}}$	$\overline{\text{Request To Send}}$: Der Computer teilt dem peripheren Gerät mit, daß er senden möchte.
20(4)	$\overline{\text{DTR}}$	$\overline{\text{Data Terminal Ready}}$: Der Computer ist sendebereit.

Eingänge der seriellen Schnittstelle

Pin	Abkürzung	Bedeutung
3(2)	RD	Receive Data: Über diesen Pin werden Daten seriell von der Peripherie empfangen.
5(8)	$\overline{\text{CTS}}$	$\overline{\text{Clear To Send}}$: Das periphere Gerät teilt dem Computer mit, daß es jetzt senden kann.
6(6)	$\overline{\text{DSR}}$	$\overline{\text{Data Set Ready}}$: Betriebsbereitschaft des peripheren Gerätes
8(1)	$\overline{\text{DCD}}$	$\overline{\text{Data Carrier Detected}}$: Die Trägerfrequenz des peripheren Gerätes wird entdeckt.

Sonstige Anschlüsse

Pin	Abkürzung	Bedeutung
1(-)	Gnd	Gerätemasse (wird nicht benutzt)
7(5)	Gnd	Signalmasse (Masse des Computers)
22(9)	RI	Ring Indicator (automatisches Anrufen, wird hier nicht benutzt)

Die Pin-Bezeichnungen beziehen sich auf die 25polige MinD-Buchse, in Klammern finden Sie die Belegung der 9poligen Buchse.

Für RD findet man auch die Bezeichnung RX, für TD auch TX. Die Striche über den Bezeichnungen bedeuten, daß die Signale aktiv sind, wenn ihr Pegel auf "Null" (also auf +12 V) liegt. Genau dies hat unser kleines Programm mit $\overline{\text{RTS}}$ und $\overline{\text{DTR}}$ getan: die Leuchtdioden springen beim Programmstart von grün auf rot.

Offensichtlich gehören die folgenden sieben Anschlüsse zusammen (jeweils ein Ausgang und ein Eingang):

- RD und TD — Receive Data und Transmit Data
- $\overline{\text{CTS}}$ und $\overline{\text{RTS}}$ — $\overline{\text{Clear To Send}}$ und $\overline{\text{Request To Send}}$
- ($\overline{\text{DSR}}$ oder $\overline{\text{DCD}}$) und $\overline{\text{DTR}}$ — ($\overline{\text{Data Set Ready}}$ oder $\overline{\text{Data Carrier Detected}}$) und $\overline{\text{Data Terminal Ready}}$

Es handelt sich immer um die gleichen Zustände, nur jeweils vom Computer oder vom peripheren Gerät aus gesehen.
Hieraus ergeben sich schon die beiden möglichen Anschlüsse, wie in den Bildern 1.5 und 1.6 gezeigt wird.

Verbindung Computer - Akustik-Koppler:

Verbinden Sie die entsprechenden Anschlüsse direkt, also
- RD mit RD, TD mit TD, $\overline{\text{CTS}}$ mit $\overline{\text{CTS}}$ usw.

Verbindung Computer - Computer:

Was für den einen Computer der Eingang ist, ist für den anderen ein Ausgang und umgekehrt. Verbinden Sie also über Kreuz

- TD mit RD und umgekehrt,
- $\overline{CTS}$ mit $\overline{RTS}$ und umgekehrt,
- $\overline{DSR}$ mit $\overline{DTR}$ und umgekehrt.
- $\overline{DCD}$ hat hier keine Bedeutung.

2(3)	TD	TD	2(3)	Materialliste
3(2)	RD	RD	3(2)	siehe Anhang
4(7)	$\overline{RTS}$	$\overline{RTS}$	4(7)	
5(8)	$\overline{CTS}$	$\overline{CTS}$	5(8)	
6(6)	$\overline{DSR}$	$\overline{DSR}$	6(6)	
7(5)	Gnd	Gnd	7(5)	
8(1)	$\overline{DCD}$	$\overline{DCD}$	8(1)	
20(4)	$\overline{DTR}$	$\overline{DTR}$	20(4)	

Bild 1.5 Verbindungskabel Computer - Akustik-Koppler

2(3)	TD	TD	2(3)	Materialliste
3(2)	RD	RD	3(2)	siehe Anhang
4(7)	$\overline{RTS}$	$\overline{RTS}$	4(7)	
5(8)	$\overline{CTS}$	$\overline{CTS}$	5(8)	
6(6)	$\overline{DSR}$	$\overline{DSR}$	6(6)	
7(5)	Gnd	Gnd	7(5)	
8(1)	$\overline{DCD}$	$\overline{DCD}$	8(1)	
20(4)	$\overline{DTR}$	$\overline{DTR}$	20(4)	

Bild 1.6 Verbindungskabel Computer-Computer

1.2 Elektrische Eigenschaften der Schnittstelle

Jede Spannungsquelle besitzt einen eigenen inneren Widerstand. Ist dieser frequenzabhängig, so spricht man von der Impedanz (Wechselstromwiderstand). Zwei Geräte, Quelle und Verbraucher, arbeiten nur dann gut miteinander, wenn ihre Impedanzen aufeinander abgestimmt sind. Besitzt die Quelle beispielsweise einen hohen inneren Widerstand und der Verbraucher einen geringen, so wird die Ausgangsspannung der Quelle zusammenbrechen.

Für die Signale der seriellen Schnittstelle müssen folgende elektrische Eigenschaften erfüllt sein:

1. Alle Leitungen müssen kurzschlußfest und gegenspannungsfest sein.
2. Wird das Signal auf einer Leitung mit 3 kΩ bis 7 kΩ belastet, so muß die übergebene Spannung im Bereich von +3 V bis +15 V bzw. -3 V bis -15 V liegen.
3. Keine Spannung darf gegenüber der Massenleitung Pin 1 (jedoch wird meistend Pin 7 logische Masse genommen) größer als 25 V sein.
4. Die übergebenen Signale müssen eine Mindest- und eine Höchstflankensteilheit besitzen.

Für die serielle Schnittstelle gilt:

5. Die Polarität der Spannung muß richtig erkannt werden.
6. Die Innenwiderstände müssen im Bereich 3 kΩ bis 7 kΩ liegen.
7. Auf einer Empfangsleitung darf keine Spannung erzeugt werden, die größer als 2 V oder kleiner als -2 V ist.

Grundsätzlich sollten Induktivitäten und Kapazitäten vermieden werden. Hierdurch könnten Spannungsspitzen erzeugt werden, die die Schnittstelle zerstören.

1.3 Der Baustein UART 8250 der seriellen Schnittstelle

Die serielle Schnittstelle wird von einem UART 8250 gesteuert (UART: Universal Asynchronous Receiver Transmitter), der dem Benutzer einen großen Teil der Arbeit abnimnmt. Der UART heißt manchmal auch ACI (Asynchron Communication Interface). Der Datenbus des Prozessors 8088 stellt die zu sendenden Daten in paralleler Form zur Verfügung und hält sie nur einen Taktzyklus bereit. Der UART 8250 muß diese Daten zwischenspeichern, entsprechend den Zuständen der Steuerleitungen warten, die Daten durch ein Schieberegister in serielle Form umwandeln und dann mit einer bestimmten Geschwindigkeit unter Beachtung eines Protokolls zum Ausgang schicken. Für den Empfang gilt entsprechendes. Das Blockschema des UART 8250 sieht wie in Bild 1.7 aus.

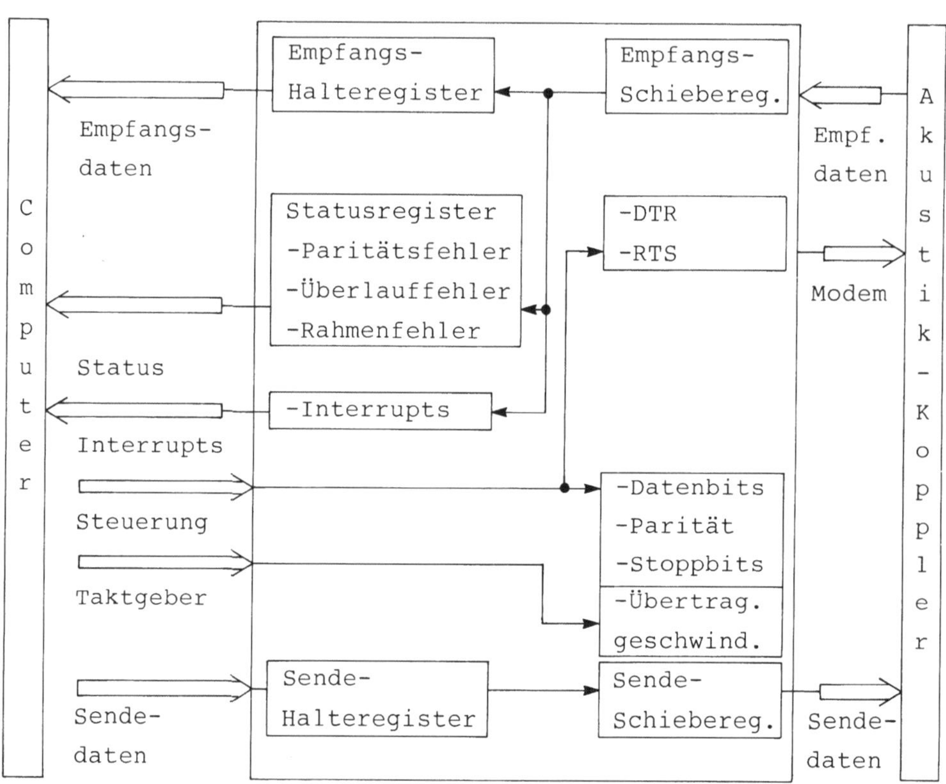

Bild 1.7 Blockschema des UART 8250

Beim Senden muß der UART die Daten in das Sende-Halteregister übertragen. Ist das letzte Zeichen bereits abgeschickt, so kann er das Zeichen aus dem Sende-Halteregister in das Sende-Schieberegister packen. Hierdurch werden die Daten in die serielle Form umgewandelt. Gleichzeitig wird das Startbit zur Synchronisation davor und die Stoppbits und das Paritätsbit dahintergehängt. Diese Kette von Bits wird an Pin 2 TD ausgegeben. Beim Empfang werden die Zeichen in das Empfangs-Schieberegister gepackt. Hier werden alle Fehlerroutinen ausgeführt. Das Zeichen wird daraufhin überprüft

- ob die Anzahl Stoppbits stimmt (Rahmenfehler).
- ob das Paritätsbit stimmt (Paritätsfehler).
- ob ein Überlauffehler vorliegt (die Zeichen kommen zu schnell rein).

Rahmen- und Paritätsfehler können durch Rauschen oder Übersprechen einer Leitung entstehen.

Wenn kein Fehler festgestellt wird, wird das Zeichen in das Empfangs-Halteregister in paralleler Form abgelegt, wo es der Benutzer übernehmen kann. Andernfalls werden bestimmte Register gesetzt, so daß man erkennen kann, welcher Fehler vorliegt. All dies macht der UART automatisch und unabhängig von der CPU. Der Benutzer muß ihm lediglich mitteilen:

- Mit welcher Geschwindigkeit sollen die Daten übertragen werden (Übertragungsgeschwindigkeit in Baud).
- Wieviele Stoppbits sollen gesetzt werden.
- Soll das Paritätsbit zur Kontrolle gerade oder ungerade sein.

Im nächsten Abschnitt wird erläutert, was es mit diesen Übertragungsparametern auf sich hat.

1.4 Die Parameter der Datenübertragung

Senden Sie mit Hilfe unseres kleinen Programms ein Zeichen zur seriellen Schnittstelle. Sie werden an der Leuchtdiode Pin 2 TD ein Flackern beobachten. Ändern Sie im Hauptprogramm die Zeile
initialisierung(1,300,7,2,'even'); um:
initialisierung(1,75,7,2,'even');
Die Leuchtdiode flackert nun langsamer. Auf einem Oszilloskop mit Speicher kann man Bild 1.8 beobachten, wenn Sie den Buchstaben "N" absetzen:

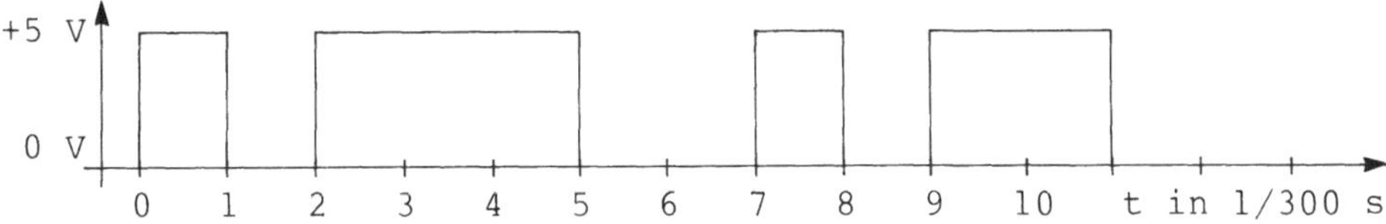

Bild 1.8 Serielle Übertragung des Buchstabens "N"

Datenbits

Der Buchstabe "N" steht im ASCII-Code an 78. Stelle. Im Dualsystem bedeutet dies: 01001110. Jedes Zeichen wird durch eine Folge von "Nullen" und "Einsen" dargestellt. Für alle Zeichen inklusive der Graphikzeichen benötigt man 8 Bits. Beschränkt man sich auf Ziffern und Buchstaben, so genügen 7. Diese Zahl beziffert die Datenbits. In der Zeile

initialisierung(1,75,7,2,'even');

bedeutet die "7", daß unser Zeichen aus 7 Datenbits bestehen soll: 1001110.

Startbit

Der UART hängt zur "Abstimmung" der beteiligten Rechner noch ein Bit davor (Synchronisation, asynchrone Datenübertragung, Startbit). Diese asynchrone Übertragung hat zwei Vorteile:

- der Datenstrom kann jederzeit unterbrochen und wieder aufgenommen werden.
- Es können geringfügige Unterschiede in der Übertragungsfrequenz auftreten. Durch die immer wieder neue Abstimmung können diese Fehler sich nicht aufsummieren.

Paritätsbit

Den Datenbits kann ein Paritätsbit folgen. Es ist ein Kontrollbit. Es kann auf "gerade" oder "ungerade" gesetzt werden. Wir nehmen an, es sei auf "ungerade" gesetzt.Unser "N" enthält vier "Einsen". Bei ungerader Parität muß die Summe aller "Einsen" ungerade sein. Also muß das Paritätsbit in diesem Fall eine "Eins" sein. Hierdurch lassen sich Übertragungsfehler feststellen. Treten in einem Zeichen zwei Übertragungsfehler auf, so hilft diese Methode jedoch auch nicht mehr.

Stoppbits

Am Ende folgen Stoppbits, die den Datenfluß begrenzen. Bild 1.9 zeigt noch einmal die Zusammensetzung der einzelnen Bits.

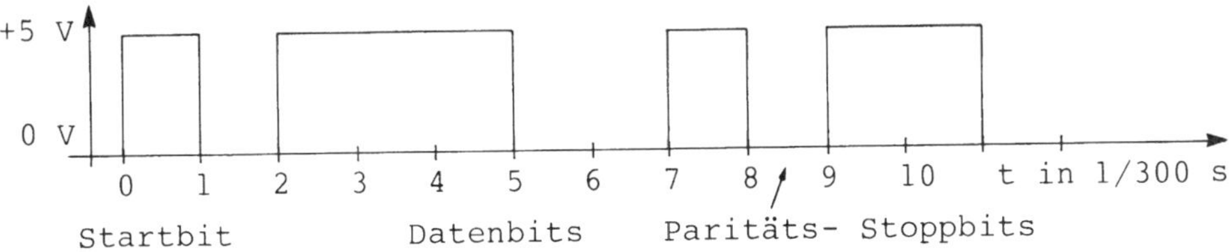

Bild 1.9 Serielle Übertragung des Buchstabens "N"

Die Übertragungsgeschwindigkeit

Der letzte Parameter ist der wichtigste. Beide, Sender und Empfänger, müssen sich darauf abstimmen, wie schnell die Daten übertragen werden. Zum Glück müssen sie sich nicht auch noch auf gleiche Phase abstimmen, weil bei der asynchronen Übertragung der Abfall des Startbits zur Synchronisation benutzt wird. Die Frequenz der Übertragung wird durch den Teiler eines internen Oszillators bestimmt. Sie wird durch die Anzahl der übertragenen Bits pro Sekunde bestimmt. Ein typisches Beispiel ist eine Übertragungsgeschwindigkeit von 300 bit/s = 300 Baud. In unserem Beispiel müssen für jedes Zeichen 1 Startbit, 7 Datenbits, 1 Paritätsbit und 2 Stoppbits gesendet werden. Jedes Zeichen umfaßt in diesem Beispiel also 11 Bits. Bei einer Übertragungsgeschwindigkeit von 300 Baud können somit maximal 300:11 ≈ 27 Zeichen pro Sekunde gesendet werden.

Um den UART 8250 richtig nutzen zu können, müssen wir
- die Übertragungsgeschwindigkeit,
- die Anzahl Datenbits,
- den Zustand des Paritätsbits,
- die Anzahl der Stoppbits festlegen können.

Die Festlegung dieser Parameter erfolgt vor dem Betrieb der

Schnittstelle. Beide Partner müssen die gleichen Parameter setzen.

Beim Betrieb muß der UART dem Benutzer folgende Informationen liefern:

- Kann ein Zeichen gesendet werden?
- Ist ein Zeichen empfangen worden?
- Liegt ein Fehler beim Empfang vor?
- Welchen Zustand haben die Eingangssteuerleitungen $\overline{\text{CTS}}$, $\overline{\text{DSR}}$ und $\overline{\text{DCD}}$?

Die Zustände der Ausgangssteuerleitungen $\overline{\text{RTS}}$ und $\overline{\text{DTR}}$ müssen von uns verändert werden können. Diese Informationen liefern uns die sogenannten Register des UART 8250. Register sind gewöhnliche Speicherplätze mit besonderer Bedeutung.

Die Register der seriellen Schnittstelle

Der UART 8250 wird durch 7 Register gesteuert, von denen die ersten beiden eine doppelte Bedeutung haben. Sie arbeiten im "Schattenmodus". Je nachdem, ob auf sie schreibend oder lesend zugegriffen wird, haben sie unterschiedliche Bedeutung.

1. Das Senderegister (TD) (schreibender Zugriff)
   Das Empfangsregister (RD) (lesender Zugriff)
   Register für den Teilerfaktor (LSB) (schreibend und lesend)
2. Interrupt-Freigabe-Register (schreibend und lesend)
   Register für den Teilerfaktor (MSB) (schreibend und lesend)
3. Interrupt-Erkennungs-Register (lesender Zugriff)
4. Leitungs-Kontroll-Register (schreibender Zugriff)
5. Modem-Kontroll-Register (schreibender Zugriff)
6. Leitungs-Status-Register (lesender Zugriff)
7. Modem-Status-Register (lesender Zugriff)

Diesen Registern sind Adressen zugeordnet, sofern die entsprechenden Schnittstellen hardwaremäßig existieren:

Port (Schnittstelle)	1	2	3	4
1. Sende-/Empfangsregister	$3F8	$2F8	$2E8	$2E0
2. Interrupt-Freigabe-Register	$3F9	$2F9	$2E9	$2E1
3. Interrupt-Erkennungs-Register	$3FA	$2FA	$2EA	$2E2
4. Leitungs-Kontroll-Register	$3FB	$2FB	$2EB	$2E3
5. Modem-Kontroll-Register	$3FC	$2FC	$2EC	$2E4
6. Leitungs-Status-Register	$3FD	$2FD	$2ED	$2E5
7. Modem-Status-Register	$3FE	$2FE	$2EE	$2E6

Die Adressen sind in hexadezimaler Form angeben. Es bedeuten:
$3F8 = 1016 (dezimal)
$2F8 = 760 (dezimal)
$2E8 = 744 (dezimal)
$2E0 = 736 (dezimal) usw.

In unserem Programm werden in der Prozedur "Initialisierung" diese Adressen angegeben. Die Variable differenz wird in Abhängigkeit zum gewählten Port (COM:) berechnet:

```
case com of  1:differenz:=0;          {Adressen der Ports 1..4}
             2:differenz:=256;        {verglichen mit COM1: }
             3:differenz:=272;
             4:differenz:=280;
end;
daten            := $3F8-differenz;  {COM1: $3F8}
interrupt_set    := $3F9-differenz;  {COM2: $2F8}
intrpt_erkennen:= $3FA-differenz;    {COM3: $2E8}
line_control     := $3FB-differenz;  {COM4: $2E0}
modem_control    := $3FC-differenz;
line_status      := $3FD-differenz;
modem_status     := $3FE-differenz;
```

Initialisierung der Schnittstelle

Die sieben Register bieten dem Benutzer so viele Möglichkeiten, daß es hier nicht möglich ist, alle aufzulisten. Am Ende dieses Abschnitts finden Sie alle Register und ihre Bedeutungen. Ich möchte hier statt dessen die Register nur soweit besprechen, wie es im logischen Ablauf erforderlich ist.

Vor dem Betrieb der Schnittstelle müssen folgende Schritte ausgeführt werden:
- Die Übertragungsgeschwindigkeit setzen.
- Die Anzahl Datenbits setzen.
- Den Zustand des Paritätsbits setzen.
- Die Anzahl der Stoppbits festlegen.
- Den Zustand der Ausgangssteuerleitungen $\overline{RTS}$ und $\overline{DTR}$ festlegen.

Die Übertragungsgeschwindigkeit setzen.

Das Setzen der Übertragungsgeschwindigkeit ist beim UART 8250 umständlicher als bei vergleichbaren Bausteinen.

Die Taktfrequenz wird aus einem externen Oszillator gewonnen. Sie beträgt 1,8432 MHz. Diese Frequenz wird durch einen internen Teiler verringert. Für die einzelnen Übertragungsgeschwindigkeiten werden demnach folgende Teiler benötigt:

Geschwindigkeit in Baud	75	110	150	300	600	1200	1800	2000
Teiler	1536	1047	768	384	192	96	64	58

Geschwindigkeit in Baud	2400	3600	4800	7200	9600	19200	38400
Teiler	48	32	24	16	12	6	3

In unserem Programm wird die Übertragungsgeschwindigkeit 300 Baud gewählt. Hieraus folgt ein Teiler von 384. Diesen Wert müssen wir in das "höherwertige" und in das "geringerwertige" Byte aufteilen:

384 = 256 + 128. Man sagt: das "Most Significant Bit" (MSB) ist gesetzt und beträgt 1; das "Least Significant Bit" (LSB) beträgt 128. Beide Werte lassen sich nach diesen Formeln berechnen, wobei die Variable baud die Übertragungsgeschwindigkeit angibt:

```
teiler:=6*round(19200/baud);
msb_baud:=teiler div 256;
lsb_baud:=teiler mod 256;
```

Das Setzen der Übertragungsgeschwindigkeit erfolgt nun in drei Schritten:

1. Durch Setzen des höchsten Bits im Leitungs-Kontroll-Register wird dem UART 8250 gesagt, daß jetzt die Übertragungsgeschwindigkeit gesetzt werden soll. Der "port"-Befehl entspricht in Turbo-Pascal dem BASIC-Befehl POKE und schreibt einen bestimmten Wert in einen Speicher:
   ```
   Kontrolle:=128;                  {Bit 7 Teilungsverhältnis}
   port[line_control]:=Kontrolle;   {für Übertragungsgeschw. }
   ```
2. Der geringerwertige Wert des Teilers (LSB) wird in das Empfangs-/Senderegister geschrieben, das ja auch gleichzeitig das Register für den Teilerfaktor (LSB) ist:
   ```
   port[daten]:=lsb_baud;
   ```
3. Der höherwertige Wert des Teilers (MSB) wird in das Interrupt-Freigabe-Register geschrieben, das ja auch gleichzeitig das Register für den Teilerfaktor (MSB) ist:
   ```
   port[interrupt_set]:=msb_baud;
   ```

Damit ist die Programmierung der Übertragungsgeschwindigkeit abgeschlossen. Zusammengefaßt lautet sie:

```
Kontrolle:=128;                    {Bit 7 Teilungsverhältnis}
port[line_control :=Kontrolle;     {für  Übertragungsgeschw.}
teiler:=6*round(19200/baud);       {Teiler für Übertragungs-}
msb_baud:=teiler div 256;          {geschwindigkeit         }
lsb_baud:=teiler mod 256;
port[daten]:=lsb_baud;
port[interrupt_set]:=msb_baud;
```

Setzen der Datenbits, des Paritätsbits und der Stoppbits.

Die Daten-, Paritäts- und Stoppbits müssen in einem "Arbeitsgang" gesetzt werden. Maßgebend hierfür ist das Leitungs-Kontroll-Register.

Leitungs-Kontroll-Register:

Bit 0 und 1: Wortlänge (Datenbits): 00 = 5 Bits
01 = 6 Bits
10 = 7 Bits
11 = 8 Bits
Bit 2: Anzahl der Stoppbits (0 = 1 Stoppbit; 1 = 2 Stoppbits)
Bit 3: Freigabe der Paritätsprüfung (1 = Prüfung der Parität)
Bit 4: gerade Parität ausgesucht (0 = ungerade; 1 = gerade)
Bit 5: stick parity
Bit 6: break status
Bit 7: Anwahl des Teilerfaktor-Registers

Wir wollen in unserem Beispiel 7 Datenbits, 2 Stoppbits und gerade Parität setzen. Die übrigen Bits des Registers haben hier keine Bedeutung für uns. Danach müssen folgende Bits gesetzt werden: Bit 0, 2, 3, 4. Bit 1, 5, 6 und 7 werden nicht gesetzt. Dies ergibt den dezimalen Wert 1 + 4 + 8 + 16 = 29. Der Befehl port[line_control]:=29; würde es in diesem Beispiel tun. Allgemein sieht es etwas komplizierter aus:

```
Kontrolle:=data-5;                          {Bit 1 Stoppbit        }
if stop=2 then  Kontrolle:=Kontrolle+4;     {Bit 2 Stoppbit        }
if (par<>'none') and (par<>'NONE') then
Kontrolle:=Kontrolle+8;                 {Bit 3 Paritätsbit erzeugen }
if (par='even') or (par='EVEN') then
Kontrolle:=Kontrolle+16;                    {Bit 4 Parität         }
port[line_control]:=Kontrolle;
```

Setzen der Ausgangssteuerleitungen $\overline{\text{RTS}}$ und $\overline{\text{DTR}}$.

Das Modem-Kontroll-Register ist für die Ausgangssteuerleitungen $\overline{\text{RTS}}$ und $\overline{\text{DTR}}$ zuständig.

Modem-Kontroll-Register

Bit 0: $\overline{DTR}$ setzen (0 = nicht setzen; 1 = setzen)
Bit 1: $\overline{RTS}$ setzen (0 = nicht setzen; 1 = setzen)
Bit 4: Interne Rückleseschleife zum Test der Schnittstelle
Bit 2,3,5,6,7 sind hier im Moment nicht wichtig.

Um dem Partner zu zeigen, daß wir sendebereit sind, legen wir beide Ausgangssteuerleitungen auf +12 V. Dies entspricht für $\overline{DTR}$ und $\overline{RTS}$ logisch "Null", das heißt, beide Leitungen sind aktiv. Hierzu müssen Bit 0 und 1 gesetzt werden:

```
Modus:=3;                              {DTR und RTS gesetzt.}
port[modem_control]:=Modus;
```

Das Bit 4 des Modem-Kontroll-Registers hat eine besondere Bedeutung. Setzt man dieses Bit, so werden alle gesendeten Zeichen intern sofort wieder gelesen. Man kann somit die Schnittstelle auf ihre Funktionstüchtigkeit testen. Wir werden dies später im Gesamtprogramm benutzen. Für die Initialisierung wird Bit 4 jedoch nicht gesetzt.

Setzen der Interrupts

Interrupts sind Programmunterbrechungen, die z.B. durch ein Hardware-Ereignis hervorgerufen werden.

Interrupts dienen dazu, bei bestimmten Ereignissen vorgegebene Programmabschnitte ablaufen zu lassen. Zum Beispiel könnte man bei einem empfangenen Zeichen eine Prozedur "Empfang" ablaufen lassen, gleichgültig, was der Rechner im Moment gerade macht. Diese Programmiertechnik bietet sich besonders in Assembler-Programmen an. Wir benutzen eine andere Technik: Ehe der Rechner etwas tut, was zeitaufwendig ist (z.B. Warten auf eine Tastaturabfrage), wird jedesmal eine Prozedur "Polling" aufgerufen, die kurz nachschaut, ob etwas "angekommen" ist. Diese Technik ist der Sprache Pascal angepaßter. Das Programm verzichtet deshalb auf Interrupts. Wir setzen alle Bits des Interrupt-Freigabe-Registers auf Null und schalten damit alle Interrupts ab.

```
Interr:=0;                            { alle Interrupts sperren. }
port[interrupt_set]:=Interr;
```

Senden

Die serielle Datenübertragung erfordert entsprechend der Übertragungsgeschwindigkeit Zeit. Deshalb muß beim Senden darauf geachtet werden, daß das Senderegister leer ist, ehe das nächste Zeichen zum Datenport geschickt wird. Das Senderegister ist leer, wenn im Leitungs-Status-Register Bit 5 gesetzt ist. Das Sendeschieberegister ist leer, wenn Bit 6 gesetzt ist. Jede Bedingung einzeln reicht, um den Sendevorgang zu beginnen. Gesendet wird in diesem Demonstrationsprogramm nur nach Tastendruck.

Leitungs-Status-Register

```
Bit 0: Daten bereit    (0 = nicht bereit; 1 = bereit)
Bit 1: Überlauffehler  (0 = kein Fehler;  1 = Fehler)
Bit 2: Paritätsfehler  (0 = kein Fehler;  1 = Fehler)
Bit 3: Rahmenfehler    (0 = kein Fehler;  1 = Fehler)
Bit 4: Interrupt durch Break
Bit 5: Senderegister         (0 = voll;   1 = leer)
Bit 6: Sendeschieberegister  (0 = voll;   1 = leer)
Bit 7: nicht benutzt
```

```
if keypressed then                          { senden                  }
begin
   read(kbd,c);
   if c=#27  then  exit;                    { ESCAPE-Taste            }
   if c=#13 then writeln else write(c);
   repeat                                   { Senderegister leer?     }
      Status:=port[line_status];            { Erst dann senden!       }
   until Status in [32..127];               { Bit 5 oder 6 gesetzt.   }
   port[daten]:=ord(c);
end;
```

Empfangen

Um Daten zu empfangen, muß man dauernd "auf der Lauer liegen", um keine zu verpassen. Dies kann entweder durch eine Unterbrechungstechnik oder durch das sogenannte "polling" erfolgen. Wir benutzen hier das letztere. Während der längsten Zeit bei Programmausführung fragt der Rechner das Empfangsregister ab, ob ein Zeichen empfangen wurde. Dieser Vorgang wird nur durch Tastendruck unterbrochen.

Bit 0 des Leitungs-Status-Registers zeigt an, ob ein komplettes Zeichen empfangen wurde. Ist dieses Bit gesetzt, so muß das Zeichen noch auf mögliche Fehler überprüft werden (zu schnell reingekommen, verstümmelt etc.). Bit 1, 2 und 3 geben mögliche Fehler an. In diesem Fall wird das fehlerhafte Zeichen durch "?" ersetzt. In allen Fällen wird das Zeichen auf den Bildschirm geschrieben. Der Zustand der Eingangs-Steuerleitungen $\overline{\text{CTS}}$, $\overline{\text{DTR}}$ und $\overline{\text{DCD}}$ wird nicht berücksichtigt.

```
if Status mod 2=1 then                    { empfangen             }
begin
   ch:=chr(port[daten]);
   if Status in [2..30] then ch:='?';     { Fehler beim Empfang }
   textcolor(red);
   write(ch);
   textcolor(yellow);
end;
```

1.5 Die Register des UART 8250

Die Register des UART 8250 werden hier zum Nachschlagen aufgelistet. Es wird kein Versuch gemacht, die vielfältigen Anwendungsmöglichkeiten zu erläutern.

Das Sende-/Empfangsregister/Register für den Teilerfaktor (LSB)

Dieses Register arbeitet im "Schattenmodus". Liest man es, so stellt es sich als das Empfangsregister dar. Schreibt man in das Register, so zeigt es wiederum zwei Seiten:

- Ist das Bit 7 des Leitungs-Kontroll-Registers gesetzt, so erwartet das Register das niederwertige Byte der Übertragungsgeschwindigkeit.
- Ist das 7. Bit nicht gesetzt, so schreibt man in das Senderegister. Dieses Zeichen wird dann gesendet.

Empfangs- und Senderegister sind jeweils 8 bit breit.

Das Interrupt-Freigabe-Register/ Register Teilerfaktor (MSB)

Ein peripheres Gerät kann ein bestimmtes Ereignis registrieren, z.B. den Empfang eines Zeichens. I.a. arbeitet das Gerät unabhängig von der CPU. Über ein bestimmtes Register teilt es dem Rechner ein solches Ereignis mit.

Dieses Register läßt bestimmte Interrupts zu, wenn einzelne Bits gesetzt sind. (1 = Interrupt gesetzt; 0 = kein Interrupt)

Bit 0: Für den Datenempfang wird der Interrupt freigegeben.
Bit 1: Wenn das Senderegister leer ist, soll ein Interrupt erzeugt werden.
Bit 2: Bei Änderung des Leitungs-Status-Registers soll ein Interrupt erzeugt werden.
Bit 3: Bei Änderung des Modem-Status-Registers soll ein Interrupt erzeugt werden.
Bit 4-7: nicht benutzt

Das Interrupt-Erkennungs-Register

Das Interrupt-Freigabe-Register läßt bei verschiedenen Vorgängen Interrupts zu. Das Interrupt-Erkennungs-Register läßt erkennen, ob und wenn ja welcher Interrupt tatsächlich vorliegt.

Bit 0: 0 = Interrupt wurde ausgelöst; 1 = kein Interrupt
Bit 1,2: Woher kommt der Interrupt?
0,0: Das Leitungs-Status-Register hat sich geändert.
0,1: Daten wurden empfangen.
1,0: nicht benutzt
1,1: Das Modem-Status-Register hat sich geändert.
Bit 3-7: nicht benutzt

Das Leitungs-Kontroll-Register

Das Leitungs-Kontroll-Register kontrolliert die Parameter der Datenübertragung (Datenbits, Stoppbits und Parität). Zusätzlich kann durch Setzen des Bit 7 die Übertragungsgeschwindigkeit gesetzt werden.

Bit 0,1: Datenbits
0,0: 5 Bits
0,1: 6 Bits
1,0: 7 Bits
1,1: 8 Bits
Bit 2: 0 = 1 Stoppbit; 1 = 2 Stoppbits
Bit 3: Freigabe der Paritätsprüfung
1 = Paritätsprüfung; 0 = keine Prüfung
Bit 4: 1 = gerade Parität; 0 = ungerade Parität
1 ist nur sinnvoll, wenn Bit 3 gesetzt ist.
Bit 5: stick parity
Bit 6: break status setzen
Bit 7: Anwahl des Teilerfaktor-Registers
1 = Anwahl; 0 = keine Anwahl
LSB des Teilers in das Datenregister
MSB des Teilers in das Interrupt-Freigabe-Register

Das Modem-Kontroll-Register

Dieses Register bestimmt den Zustand der Ausgangs-Steuerleitungen $\overline{DTR}$ und $\overline{RTS}$ und der internen Leitungen OUT1 und OUT2. Zusätzlich erlaubt das 4. Bit eine spezielle Überprüfung der Schnittstelle. Ist Bit 4 gesetzt, so werden intern die beiden Leitungen TD und RD kurzgeschlossen, so daß alle gesendeten Daten sofort wieder empfangen werden.

Bit 0: $\overline{DTR}$ setzen 1 = $\overline{DTR}$ setzen; 0 = $\overline{DTR}$ nicht setzen
Bit 1: $\overline{RTS}$ setzen 1 = $\overline{RTS}$ setzen; 0 = $\overline{RTS}$ nicht setzen
Bit 2: OUT1 setzen 1 = OUT1 setzen; 0 = OUT1 nicht setzen
Bit 3: OUT2 setzen 1 = OUT2 setzen; 0 = OUT2 nicht setzen
Durch OUT2 werden die Interrupts IRQ3 bzw. IRQ4 freigegeben.
Bit 4: Interner Kurzschlußtest der Schnittstelle
1 = TD und RD kurzgeschlossen; 0 = nicht kurzgeschlossen
Bit 5-7: nicht benutzt

Das Leitungs-Status-Register

Das Leitungs-Status-Register registriert,ob ein Zeichen empfangen wurde und ob es fehlerhaft ist. Hierbei werden Überlauffehler, Paritätsfehler und Rahmenfehler erkannt. Weiterhin erkennt dieses Register, ob zu sendende Zeichen schon "rausgeschickt" wurden.

Bit 0: Daten bereit (0 = nicht bereit; 1 = bereit)
Bit 1: Überlauffehler (0 = kein Fehler; 1 = Fehler)
Bit 2: Paritätsfehler (0 = kein Fehler; 1 = Fehler)
Bit 3: Rahmenfehler (0 = kein Fehler; 1 = Fehler)
Bit 4: Interrupt durch Break
Bit 5: Senderegister (0 = voll; 1 = leer)
Bit 6: Sendeschieberegister (0 = voll; 1 = leer)
Bit 7: nicht benutzt

Das Modem-Status-Register

Das Modem-Status-Register erkennt Pegeländerungen an den Eingangssteuerleitungen $\overline{\text{CTS}}$, $\overline{\text{DSR}}$, $\overline{\text{DCD}}$ und der Ring-Leitung bei automatischem Wählen sowie deren tatsächlichen Pegel.
+12 V entspricht logisch "Null", -12 V logisch "Eins".

Bit 0: 1 = Pegelwechsel der $\overline{\text{CTS}}$-Leitung; 0 = kein Pegelwechsel
Bit 1: 1 = Pegelwechsel der $\overline{\text{DSR}}$-Leitung; 0 = kein Pegelwechsel
Bit 2: 1 = Pegelwechsel der RI -Leitung; 0 = kein Pegelwechsel
Bit 3: 1 = Pegelwechsel der $\overline{\text{DCD}}$-Leitung; 0 = kein Pegelwechsel
Bit 4: 1 = $\overline{\text{CTS}}$-Leitung liegt auf +12 V; 0 = Pegel -12 V
Bit 5: 1 = $\overline{\text{DSR}}$-Leitung liegt auf +12 V; 0 = Pegel -12 V
Bit 6: 1 = RI -Leitung liegt auf +12 V; 0 = Pegel -12 V
Bit 7: 1 = $\overline{\text{DCD}}$-Leitung liegt auf +12 V; 0 = Pegel -12 V

2 Akustik-Koppler

2.1 Die Frequenzmodulation

Die einfachste Möglichkeit, Daten zu übertragen, ist, für eine "Eins" einen Ton und für eine "Null" keinen Ton zu erzeugen. Dies entspricht der Amplitudenmodulation bei Rundfunksendern. Diese Übertragungsweise ist sehr störanfällig, da der Computer dann kaum Nutzsignale von Störsignalen unterscheiden kann.
Jedes Knacken in der Leitung würde als Datum erkannt. Heute hat sich die Frequenzmodulation durchgesetzt. Es sei angenommen, daß A dem Partner B Daten übermitteln will. A erzeugt eine Tonfrequenz von 1180 Hz. Dies entspricht logisch "Null". Möchte A eine logische "Eins" übertragen, so ändert A seine Tonfrequenz auf 980 Hz.

Damit Sender und Empfänger gleichzeitig arbeiten können, muß ein Protokoll vereinbart werden. Eine der Regeln besagt, daß die Zustände "Null" und "Eins" jeweils nur eine ganz bestimmte Zeit übertragen werden. Die Anzahl der übermittelten Bits pro Sekunde muß für beide Seiten gleich sein (Übertragungsgeschwindigkeit).Will nun B an A etwas übermitteln, so darf B nicht mit der gleichen Frequenz senden, weil es sonst ein großes Durcheinander geben würde. B sendet eine "Null" mit 1850 Hz und eine "Eins" mit 1650 Hz.Die Frequenzen 980 Hz und 1180 Hz werden als ein Kanal bezeichnet, 1650 Hz und 1850 Hz bilden dementsprechend einen zweiten Kanal. Benutzt der Sender Kanal 1, so wird er als "Originate" bezeichnet, der Partner als "Answer". Damit die Elektronik die beiden Kanäle trennen kann, darf die Übertragungsgeschwindigkeit nicht zu groß sein. Die angegebenen Werte gelten für eine Übertragungsgeschwindigkeit bis zu 300 Baud. Darüber werden die Fehlermöglichkeiten größer.

Die Veränderung der Frequenz in Abhängigkeit vom Eingangspegel beim Senden übernimmt der "World-Chip Am 7910" automatisch. Entsprechende Schaltungen aus Einzelelementen haben sich in der Praxis als sehr störanfällig erwiesen (komplexer Grad beim Aufbau, temperaturabhängig). Ebenso übernimmt der World-Chip die Demodulation: Eine eingehende Frequenz wird untersucht und bei richtigen Werten in einen Signalpegel umgewandelt.

Die Vorteile des World-Chips sind: Wir haben es nur mit einem integrierten Baustein zu tun. Der World-Chip arbeitet mit TTL-Logik. Die benutzten Frequenzen sind relativ stabil. Beim Umschalten gibt es nur geringe Oberfrequenzen. Zur Erzeugung der Frequenzen benötigt der World-Chip allerdings einen Quarz.
Die Bilder 2.1 und 2.2 zeigen die Pegel in Abhängigkeit von den Frequenzen und umgekehrt.Die Übergänge sind idealisiert worden.

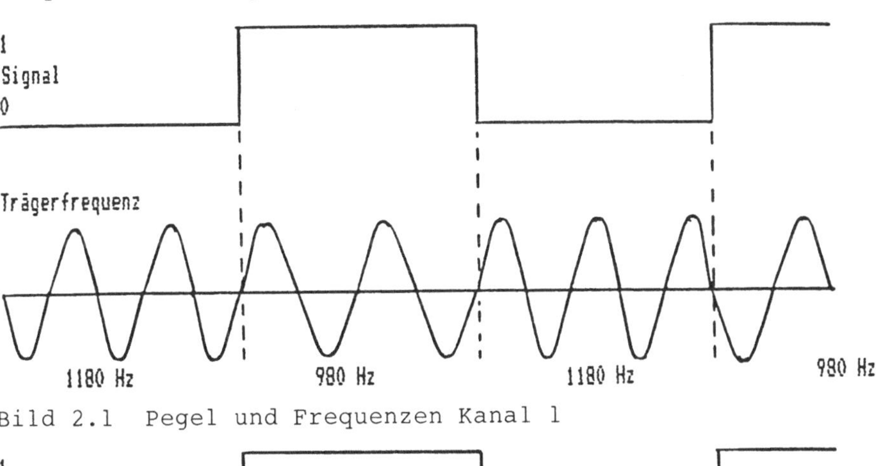

Bild 2.1 Pegel und Frequenzen Kanal 1

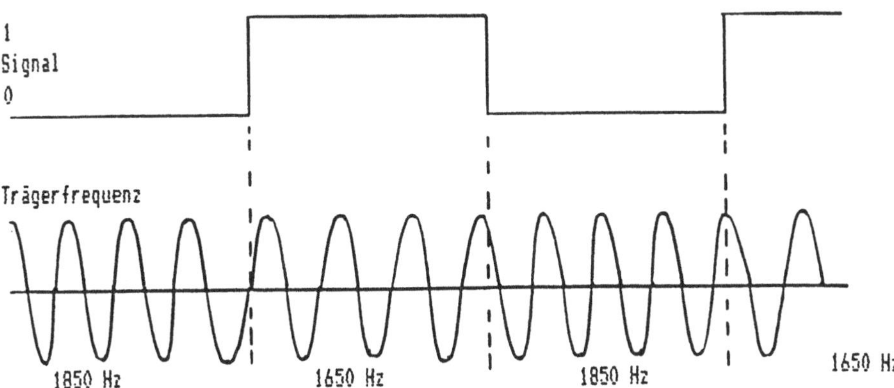

Bild 2.2 Pegel und Frequenzen Kanal 2

Bezeichnung	Kanal	Bit	Frequenz/Hz	Bit	Frequenz/Hz
Originate	1	Null	1180	Eins	980
Answer	2	Null	1850	Eins	1650

Die Frequenzmodulation in Anhängigkeit von den Pegelzuständen der Leitung "TD" heißt im Englischen auch "Frequency Shift Keying" (FSK, Frequenzumtastverfahren).

Früher traten im Telefonnetz bei langen Verbindungsleitungen "Echos" auf, die sehr unerwünscht und störend waren. Um diese zu unterdrücken, hat die Post an geeigneten Stellen elektronische Echosperren eingebaut. Sie verhindern, daß Signale gleichzeitig in beide Richtungen laufen. Bei einer normalen Unterhaltung fällt dies üblicherweise niemandem auf. Diese Sperren können nun bei Vollduplexbetrieb verhindern,daß beide Partner sich gleichzeitig verständigen. Die Echosperren lassen sich jedoch auch ausschalten. Ein Pfeifton von exakt 2100 Hz von ca. 4 Sekunden Dauer schaltet die Sperre aus. Bei Ferngesprächen sollten Sie darauf achten, daß Sie oder Ihr Partner beim Beginn der Übertragung diesen Pfeifton erzeugen. Die Post-Modems (siehe Modems) sind hierzu in der Lage.

2.2 Verbindung mit dem Akustik-Koppler

Der Benutzer A stellt eine Verbindung mit dem Akustik-Koppler B her. Alle Steuerleitungen werden direkt miteinander verbunden, also TD mit TD, RD mit RD, $\overline{\text{RTS}}$ mit $\overline{\text{RTS}}$, $\overline{\text{CTS}}$ mit $\overline{\text{CTS}}$, $\overline{\text{DCD}}$ mit $\overline{\text{DCD}}$, $\overline{\text{DTR}}$ mit $\overline{\text{DTR}}$. $\overline{\text{DSR}}$ und RI werden hier nicht benutzt.

Der Rechner muß dem Akustik-Koppler mitteilen:
- Daß er bereit ist ($\overline{\text{DTR}}$ $\overline{\text{Data Terminal Ready}}$).
- Daß er jetzt Daten senden will ($\overline{\text{RTS}}$ $\overline{\text{Request To Send}}$).

Umgekehrt wartet der Akustik-Koppler auf die Trägerfrequenz vom externen Partner. Sobald diese identifiziert ist, aktiviert er die Leitung $\overline{\text{DCD}}$ $\overline{\text{Data Carrier Detected}}$. Erkennt der Akustik-Koppler, daß der Computer bereit ist ($\overline{\text{DTR}}$) und senden will ($\overline{\text{RTS}}$), signalisiert er durch $\overline{\text{CTS}}$ $\overline{\text{Clear To Send}}$ seine Zustimmung. Diese Leitung geht auf +12 V. $\overline{\text{CTS}}$ und $\overline{\text{DCD}}$ sind die beiden Steuersignale des Akustik-Kopplers, die der Benutzer durch Leuchtdioden sichtbar machen sollte. Werden die Datenpegel auf RD und TD ebenfalls angezeigt, so erkennen wir jederzeit den Zustand des Akustik-Kopplers.

2.3 Der Aufbau des Akustik-Kopplers

Der Akustik-Koppler ist modular aufgebaut. Er besteht aus fünf Teilen, die einzeln aufgebaut und getestet werden können:

1. Pegelwandler: Die Spannungen 0 V und +5 V werden in +12 V bzw. -12 V und umgekehrt umgewandelt.
2. World-Chip Am 7910: Der World-Chip führt die Frequenzmodulation und die Bedienung der Steuerleitungen durch.
3. Anzeige-Panel: Es läßt die Zustände der Leitungen RD, TD, $\overline{\text{CTS}}$ und $\overline{\text{DCD}}$ erkennen. Man kann die Kanäle und den Test-Betriebsmodus umschalten.
4. Mikrofon mit Verstärker und
5. Lautsprecher mit Verstärker.

Bild 2.3 zeigt das Blockschaltbild.

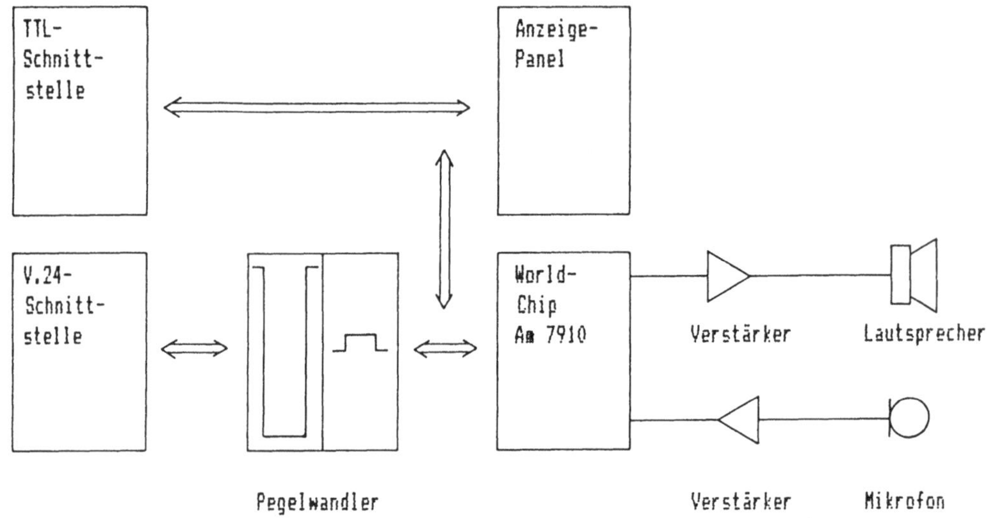

Bild 2.3 Blockschaltbild Akustik-Koppler

Die Pegelwandler werden benötigt, um den TTL-Pegel des World-Chips an die V.24-Schnittstelle anzupassen. Die Stiftleiste wird mit einem Flachbandstecker und einem 25poligen Kabel an einer 25poligen Buchse vom Typ MinD an den Computer angeschlossen. Je nach der Wahl der Stiftleiste kann TTL-Logik oder V.24-Schnittstelle gewählt werden. Es muß nur unbedingt darauf geachtet werden, daß die Schnittstellen sich entsprechen. Über dieses Kabel bezieht der Akustik-Koppler seine Versorgungsspannung, sofern man ihm nicht ein eigenes Netzteil mit ±5 V und ±12 V "spendiert".

Das Anzeige-Panel soll einen vierpoligen Ein-Ausschalter S1 mit 4 Leuchtdioden für die Spannungen +5 V, -5 V, +12 V und -12 V, 4 Leuchtdioden für die Signale TD, RD, $\overline{\text{CTS}}$ und $\overline{\text{DCD}}$ sowie zwei Schalter S2 und S3 für den Betriebsmodus enthalten. Hiermit kann man von "Betrieb" auf "Test" und von "Originate" auf

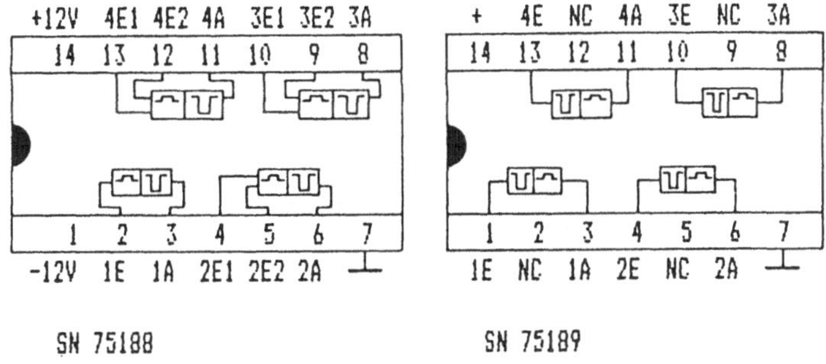

Bild 2.4 Anschlußbelegungen der Pegelwandler

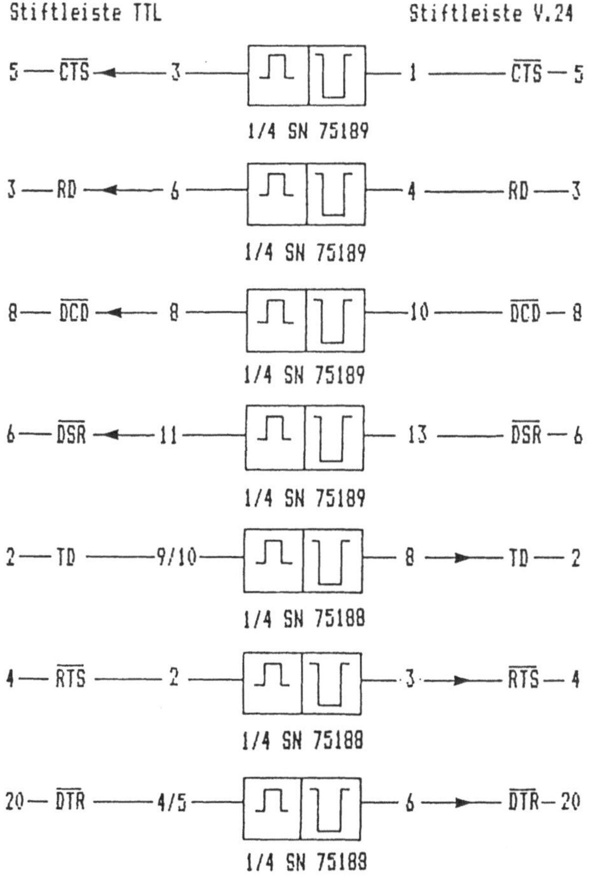

Bild 2.5 Pegel-Umwandlung

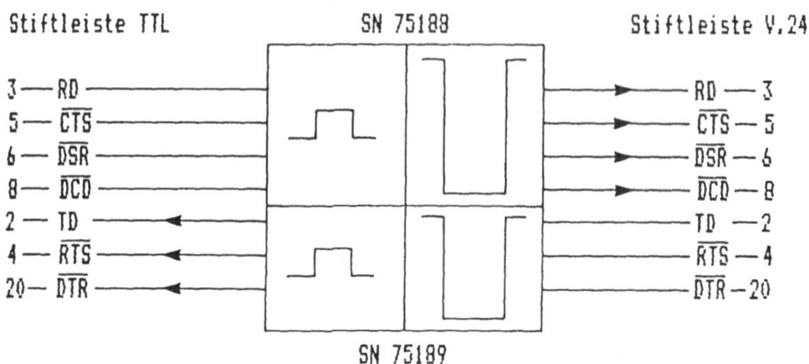

Bild 2.6 Anschluß der Pegelwandler an die Stiftleisten

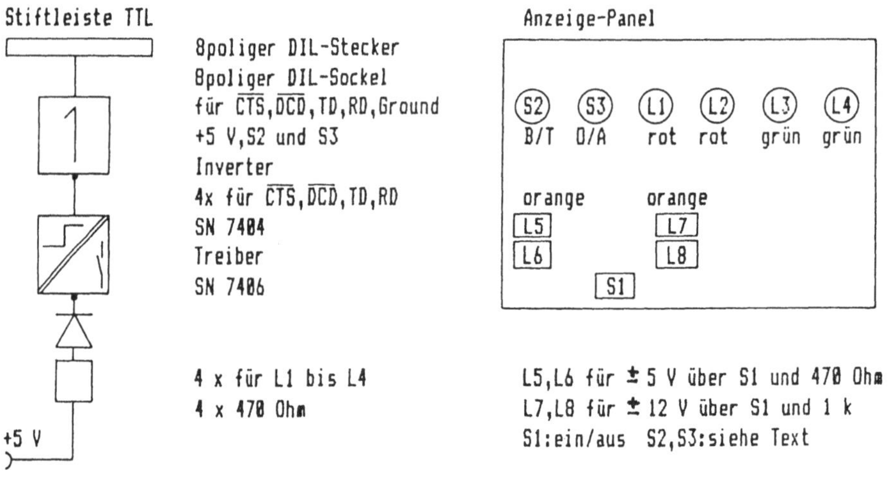

Bild 2.7 Anzeige-Panel

"Answer" umschalten. Alle Anschlüsse erfolgen von der Stiftleiste mit TTL-Logik. Es ist ratsam, das Anzeige-Panel über einen 8poligen DIL-Stecker von der Hauptplatine zu trennen.

Die Schaltung des World-Chips ist unkritisch, da die einzelnen Werte der Widerstände und Kondensatoren großzügig unter- oder überschritten werden dürfen. Für den Betriebsmodus wird ein achtfacher DIL-Schalter gewählt. Drei der Schalter müssen geöffnet sein, zwei geschlossen, drei bleiben unbenutzt. Zwei der geöffneten Schalter werden durch die beiden Schalter am Anzeige-Panel überbrückt. Mit diesen Schaltern kann der Betrieb getestet und/oder "Originate" und "Answer" eingestellt werden. Viele Anschlüsse des World-Chips werden hier nicht benutzt, da dessen Fähigkeiten viel weiter reichen als wir hier darstellen können. Deshalb werden wir auch die vielen weiteren Bezeichnun-

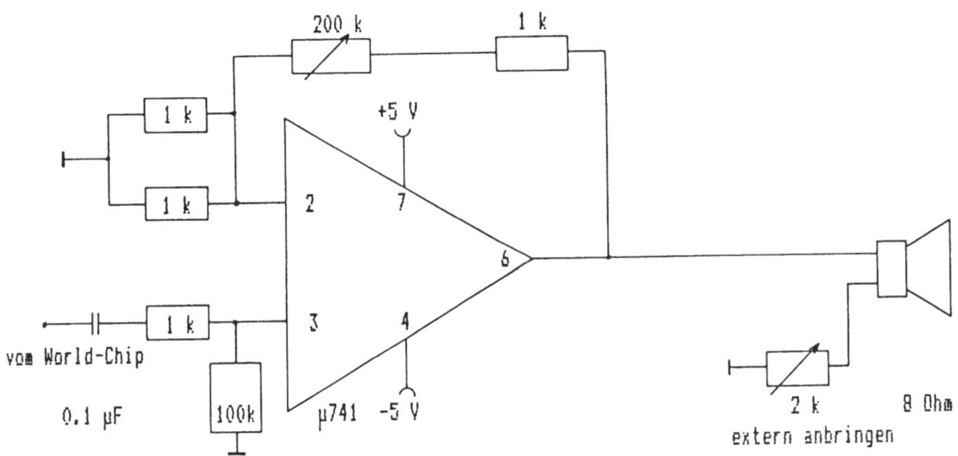

Bild 2.8 Verstärker für den Lautsprecher

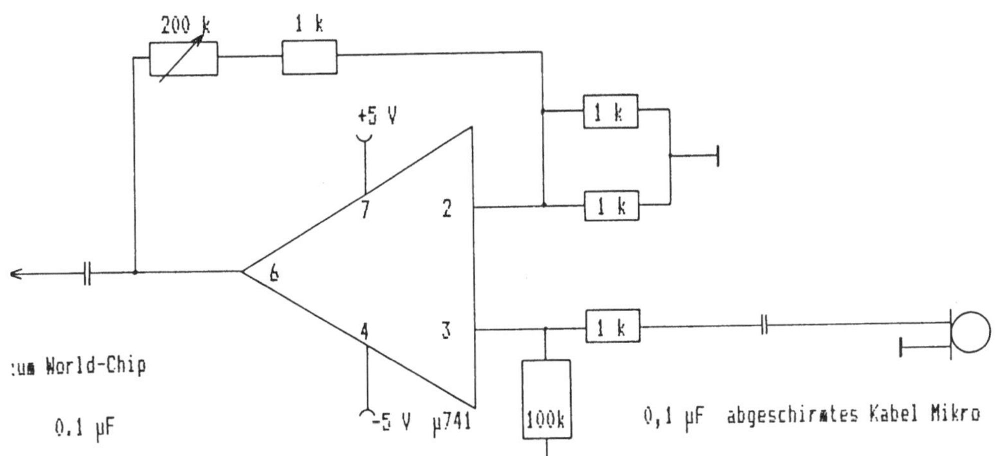

Bild 2.9 Verstärker für das Mikrofon

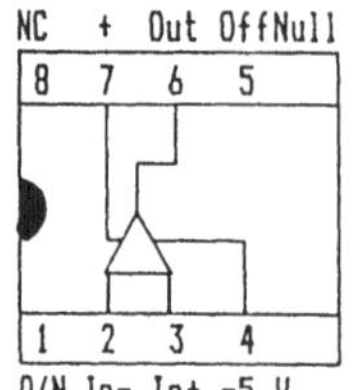

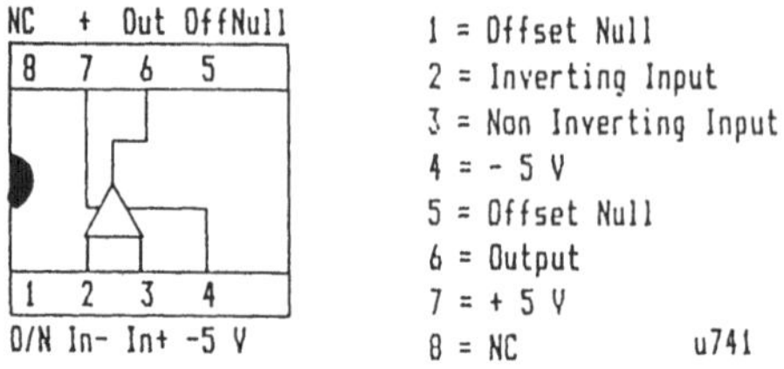

1 = Offset Null
2 = Inverting Input
3 = Non Inverting Input
4 = - 5 V
5 = Offset Null
6 = Output
7 = + 5 V
8 = NC u741

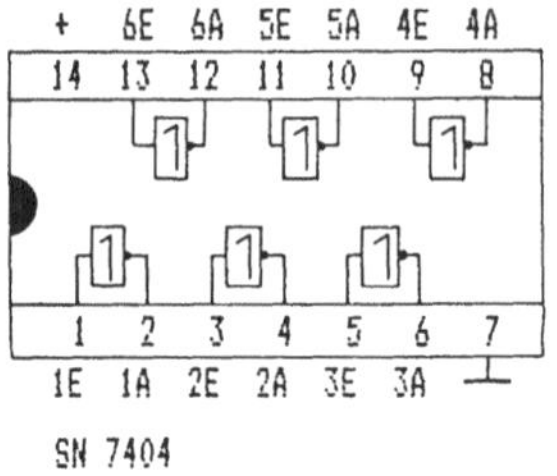

\+ 6E 6A 5E 5A 4E 4A
14 13 12 11 10 9 8
1 2 3 4 5 6 7
1E 1A 2E 2A 3E 3A

SN 7404

Bild 2.10

Anschlußbelegung µ 741, SN 7404 und SN 7406

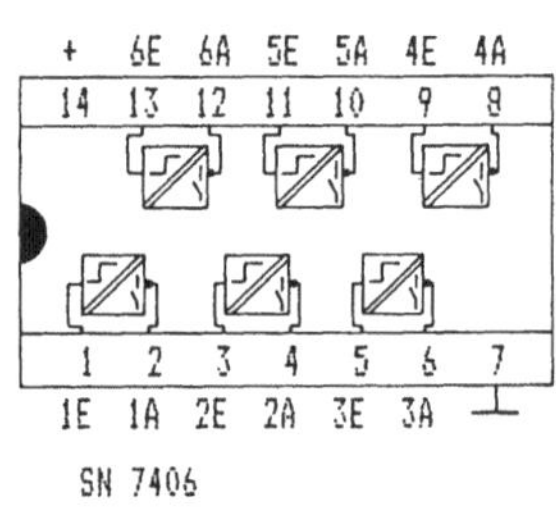

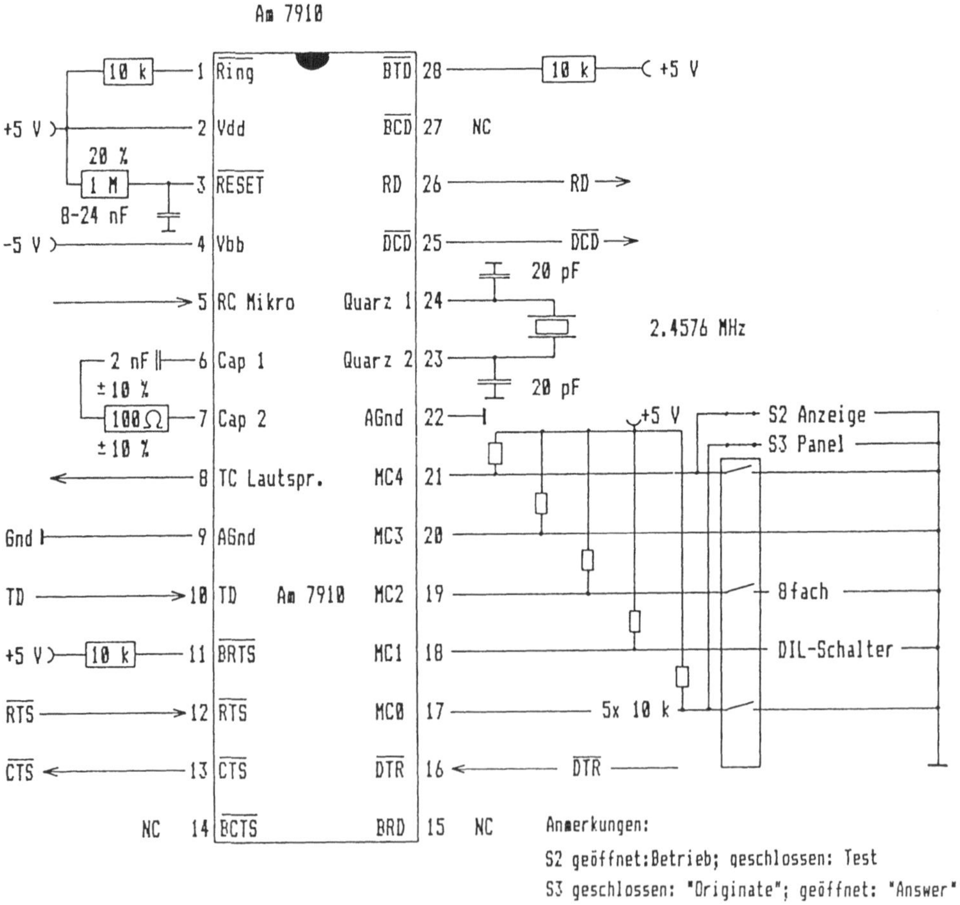

Am 7910

10 k — 1 Ring
\+5 V — 2 Vdd
20 %
1 M — 3 RESET
8-24 nF
-5 V — 4 Vbb
5 RC Mikro
2 nF — 6 Cap 1
± 10 %
100 Ω — 7 Cap 2
± 10 %
8 TC Lautspr.
Gnd — 9 AGnd
TD — 10 TD
\+5 V — 10 k — 11 BRTS
RTS — 12 RTS
CTS — 13 CTS
NC 14 BCTS

Am 7910

BTD 28 — 10 k — +5 V
BCD 27 NC
RD 26 — RD
DCD 25 — DCD
20 pF
Quarz 1 24
2.4576 MHz
Quarz 2 23
20 pF
AGnd 22
\+5 V
S2 Anzeige
S3 Panel
MC4 21
MC3 20
MC2 19 8fach
MC1 18 DIL-Schalter
MC0 17 5x 10 k
DTR 16 — DTR
BRD 15 NC

Anmerkungen:
S2 geöffnet:Betrieb; geschlossen: Test
S3 geschlossen: "Originate"; geöffnet: "Answer"

Bild 2.11 Der World-Chip AM 7910

Materialliste
siehe Anhang

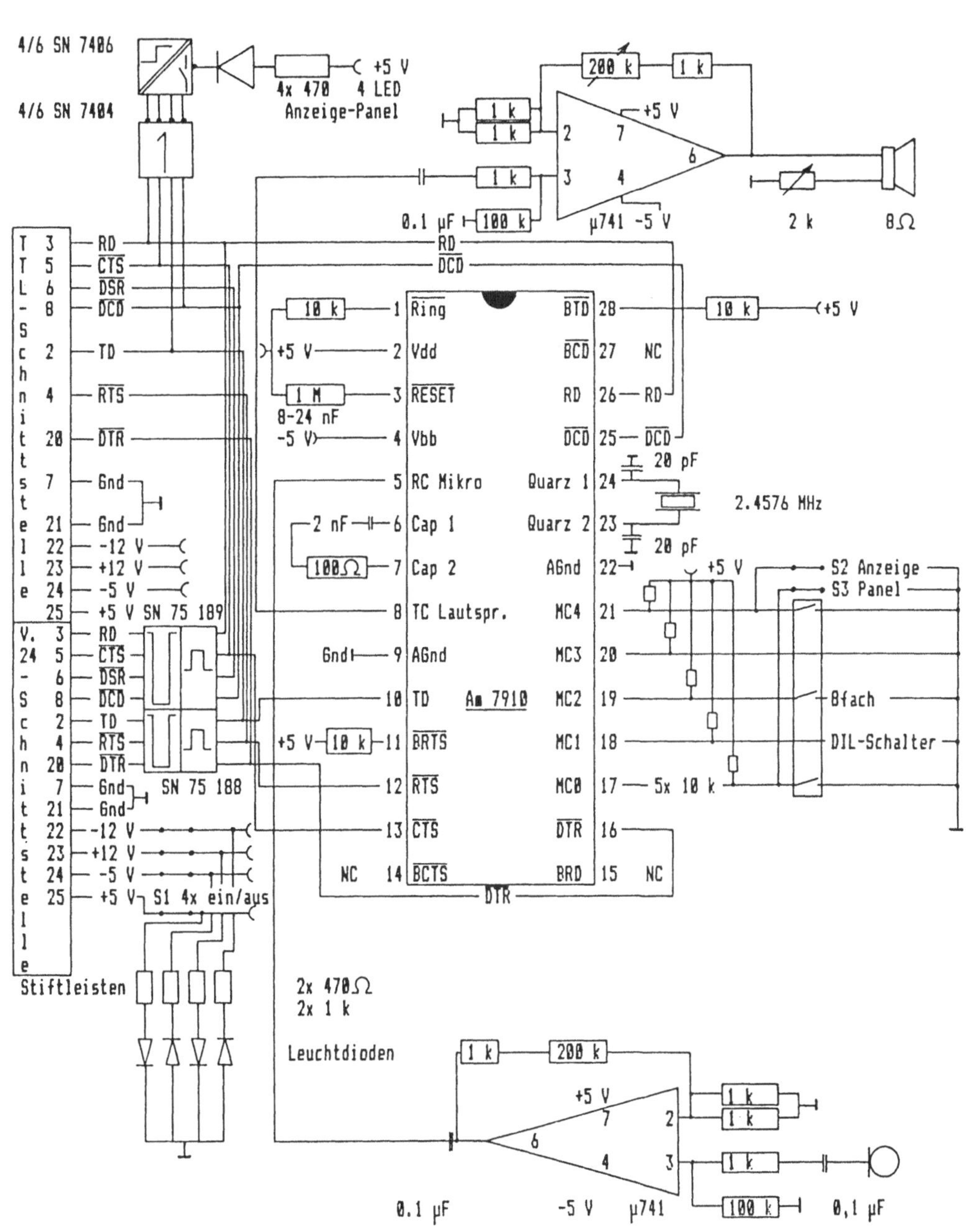

Bild 2.12 Gesamtschaltung des Akustik-Kopplers

gen nicht weiter erläutern. Die beiden Verstärker für den Lautsprecher und das Mikrofon sind bis auf den Kondensator gleich. Das Mikrofon muß dynamisch sein, ansonsten kann jede Mikrofonkapsel genommen werden. Der Lautsprecher sollte eine Impedanz von 8 Ω und einen geringen Durchmesser haben.

Bild 2.12 zeigt die Gesamtschaltung des Akustik-Kopplers. Der Quarz zeigt die Tendenz, nicht von alleine anzuschwingen. Es hilft, wenn man das Gehäuse des Quarzes mit einem Draht umwickelt und diesen mit dem Metallgehäuse des Ein-/Ausschalters verbindet.

Mikrofon und Lautsprecher müssen nun in ein schalldichtes Gehäuse gepackt werden, und zwar so, daß der Telefonhörer auf beide gelegt werden kann. Bei diesem Kästchen ist des Lesers volle Kreativität gefordert. Handelt es sich nur um eine Haussprechanlage, so kann ein Zweithörer fest in das Gehäuse gelegt und schallsicher verpackt werden. Über einen Vierfach-Schalter kann dann das Haustelefon in normaler Funktion oder als Datentransfer-Gerät benutzt werden. In diesem Fall kann man allerdings auf das Mikrofon und auf den Lautsprecher ganz verzichten und jeweils einen geeigneten Übertrager einbauen.

Der World-Chip ist leider recht teuer. Im Versandhandel kostet er ca. 90,- DM. Einen Bezugsnachweis finden Sie im Anhang.

2.4 Der Test des Akustik-Kopplers

Die einzelnen Teile des Akustik-Kopplers können getrennt voneinander getestet werden. Stecken Sie bitte noch nicht den World-Chip in die Fassung. Zum "Schlachten" ist er doch zu teuer.

Überprüfen Sie zuerst, ob an irgendeinem Pin des World-Chip-Sockels eine Spannung von ±12 V anliegt - das wäre tödlich. ±5 V verträgt er eigentlich an allen Anschlüssen.

Wir beginnen mit den Pegelwandlern. Dies ist gleichzeitig ein Test für die vier Leuchtdioden des Anzeige-Panels. Legen Sie an die Pins der Stiftleiste für die V.24-Schnittstelle die folgenden Spannungen. Am World-Chip müssen dann die genannten Spannungen auftreten und die Leuchtdioden entsprechend leuchten:

Sie legen an Stiftleiste V.24		Sie messen an Stiftleiste TTL		Sie messen am World-Chip		LEDs
Pin 2 TD	-12 V	Pin 2 TD	+5 V	Pin 10 TD	+5 V	TD aus
Pin 2 TD	+12 V	Pin 2 TD	0 V	Pin 10 TD	0 V	TD an
Pin 3 RD	-12 V	Pin 3 RD	+5 V	Pin 26 RD	+5 V	RD aus
Pin 3 RD	+12 V	Pin 3 RD	0 V	Pin 26 RD	0 V	RD an
Pin 5 $\overline{CTS}$	-12 V	Pin 5 $\overline{CTS}$	+5 V	Pin 13 $\overline{CTS}$	+5 V	$\overline{CTS}$ aus
Pin 5 $\overline{CTS}$	+12 V	Pin 5 $\overline{CTS}$	0 V	Pin 13 $\overline{CTS}$	0 V	$\overline{CTS}$ an
Pin 20 $\overline{DCD}$	-12 V	Pin 20 $\overline{DCD}$	+5 V	Pin 25 $\overline{DCD}$	+5 V	$\overline{DCD}$ aus
Pin 20 $\overline{DCD}$	+12 V	Pin 20 $\overline{DCD}$	0 V	Pin 25 $\overline{DCD}$	0 V	$\overline{DCD}$ an

Falls einer dieser Fälle nicht eintrifft, muß die entsprechende Stelle überprüft werden. Am Anzeige-Panel müssen zusätzlich beim Einschalten alle vier Leuchtdioden für die Versorgungsspannung leuchten.

Geben Sie nun auf den Eingang des Mikrofonverstärkers eine Sinusfrequenz von ca. 1500 Hz geringer Amplitude. Beobachten Sie am Ausgang mit einem Oszilloskop die Schwingung. Stellen Sie den Trimmer so ein, daß die Amplitude der Schwingung maximal und die Schwingung trotzdem nicht verzerrt (übersteuert) ist. Sinus muß Sinus bleiben. Die Überprüfung kann auch mit einem Lautsprecher statt eines Oszilloskops durchgeführt werden.

Führen Sie die gleiche Prüfung mit dem Lautsprecherverstärker durch. Zusätzlich halten Sie jetzt den Lautsprecher auf das Mikrofon. Geben Sie die Sinusschwingung auf den Eingang des Lautsprecherverstärkers. Am Ausgang des Mikrofonverstärkers muß jetzt die Schwingung zu beobachten sein. Variieren Sie die Frequenz und/oder den Abstand Lautsprecher-Mikrofon. Natürlich liegt keine exakte Sinusschwingung vor, weil der Lautsprecher das Signal verzerrt.

Wenn bis jetzt alles geklappt hat, können Sie den World-Chip in die Fassung stecken. "Wischen" Sie sich bitte vorher Ihre Hände an der Heizung ab oder berühren Sie ein anderes großes Metallstück (NMos!). Achten Sie unbedingt auf die Einkerbung! Danach schließen Sie bitte den Akustik-Koppler an die Spannungsversorgung an. Nichts geschieht - das kann ohne genauere Kenntnisse frustrierend sein - aber es ist (hoffentlich) alles in Ordnung. In diesem Zustand kann nur die Schwingung des Quarzes mit dem Oszilloskop gemessen werden: 2,4576 MHz. Der World-Chip erwacht erst zum Leben, wenn

- vom Computer her $\overline{\mathrm{DTR}}$ $\overline{\mathrm{Data\ Terminal}}$ Ready und
- $\overline{\mathrm{RTS\ Request\ To\ Send}}$ aktiviert werden (logisch "Null" +12 V).

Starten Sie das DFÜ-Programm. Es tut in der Initialisierungsprozedur genau dieses. Jetzt muß die Leuchtdiode $\overline{\mathrm{CTS}}$ am Anzeige-Panel leuchten und der Akustik-Koppler anfangen zu "pfeifen". Drücken Sie auf einige Tasten. Das Ergebnis muß Musik in Ihren Ohren sein.

Öffnen und Schließen Sie den Schalter S3 am Anzeige-Panel. Jetzt muß der Akustik-Koppler seine Frequenz ändern: Sie haben den Betriebsmodus von "Originate" auf "Answer" und umgekehrt geändert.

Öffnen Sie den Schalter S2! Beide Leuchtdioden $\overline{\text{CTS}}$ und $\overline{\text{DCD}}$ leuchten. Sie befinden sich im Testmodus. Jedes Zeichen, das Sie jetzt hinausschicken, wird sofort wieder empfangen.

Noch ein letzter Hinweis: Sie müssen unter Umständen die Lautstärke des Lautsprechers an die Bedürfnisse Ihres Partners anpassen. Hierzu bauen Sie vor dem Lautsprecher ein Drehpotentiometer von ca. 2 kΩ ein.

Betreiben Sie den selbstgebauten Akustik-Koppler bitte nur innerhalb eines privaten Telefonnnetzes. Für das Netz der Deutschen Bundespost gelten deren Bestimmungen (siehe Anhang).

3 Modems

3.1 Post-Modems

Modem ist ein Kunstwort. Es wurde aus den Begriffen MOdulator/ DEModulator gebildet. Modems sind Datenübertragungsgeräte, die elektrische Gleichstromsignale galvanisch oder elektronisch in Wechselstromsignale des Telefonnetzes und umgekehrt umwandeln. Die elektronische Kopplung heißt auch direkte Kopplung. Im eigentlichen Sinne sind also Akustik-Koppler keine Modems, obwohl man sie manchmal auch so nennt.

Modems stellen eine direkte elektrische Verbindung mit dem Telefonnetz her. Dies ist nach den Bestimmungen der Deutschen Bundespost verboten. Es gilt deshalb leider eine einfache Regel: Modems können in Deutschland nur von der Bundespost gemietet werden. Der Mietpreis fängt bei 20,- DM/Monat an. 100,- DM/ Monat ist jedoch eher typisch.

Modems haben durch ihre direkte Kopplung natürlich große Vorteile gegenüber Akustik-Kopplern.
- Modems sind nicht gegenüber Raumgeräuschen anfällig.
- Die Übertragungsgeschwindigkeit ist höher. 1200 Baud können ohne Probleme übertragen werden.
- Manche Modems können durch einen 2100-Hz-Pfeifton Echosperren überwinden (s. Frequenzmodulation).
- Manche Modems sind Btx-fähig.

Die Deutsche Bundespost hat leider noch eine Schwierigkeit eingebaut: Bei Verwendung eines gemieteten Modems muß das Datenendgerät (das ist der Computer) eigens von der Post zugelassen sein. Das ist normalerweise nicht der Fall. Man kann sich dadurch behelfen, daß man zwischen Modem und Computer ein zugelassenes Datenendgerät (z.B. eine Modembox) schaltet.

Das am häufigsten verwendete Gerät ist das D1200S-06-Modem. Es arbeitet mit 1200 Baud. Die Miete beträgt ca. 100,- DM/Monat.

Am mietgünstigsten sind die MDB1200-01- und MDB1200-02-Modems, die man seit 1984 für 20,- DM/Monat mieten kann.

Seit einem Jahr wird von der Post das MDB1200-03-Modem angeboten. Es kann in verschiedenen Betriebsarten und Übertragungsgeschwindigkeiten arbeiten. Außerdem ist es Btx-fähig. Die Miete beträgt ebenfalls 20.- DM/Monat. Alle Modems müssen bei der Post beantragt und auch von ihr angeschlossen werden.

Ab Dezember 1986 darf man auch zugelassene Modems bei Privatfirmen kaufen bzw. mieten. Die Deutsche Bundespost schließt sie gegen eine einmalige Zulassungsgebühr an. Anträge kann man bei den Fernmeldeämtern und allen Postämtern bekommen.

Die letzten drei Modems sind Einschubmodelle. Sie benötigen noch eine "Modembox". Ein eigener Anschluß an den Computer ist nicht erlaubt, weil das Datenendgerät von der Post zugelassen sein muß.Die Modembox gilt als Datenendgerät und ist postalisch zugelassen. Angeboten werden sie von der Dr. Neuhaus Mikroelektronik KGaA, Haldenstieg 3, 2 Hamburg 61, Tel. 0 40/22 77 02 1.

- Der Smarty-Junior ist eine Box mit Netzteil und eingebautem Z80-Computer. Er kann das MDB1200-03 aufnehmen. Das Hayes-Modem wird emuliert (s. Hayes-Modem). Der Smart-Junior enthält einen 32 Kbyte ROM-Speicher, 2 Kbyte ROM-Speicher für Parameter und 6,4 Kbyte Zeichenpuffer.Er enthält die V.24-, V.28- und die RS-232-Norm-Schnittstelle mit 50 bis 9600 Baud Übertragungsgeschwindigkeit zwischen dem Smarty und dem Rechner. Im Telefonnetz erfolgt die Übertragung mit 1200 Baud Halbduplex, 300/300, 75/1200 und 1200/75 Baud Vollduplex. Die integrierten Kalkulationsprogramme Framework, Symphony, Open Access und Lotus 1-2-3 werden unterstützt.Die Smarty-Junior-Box kann automatisch wählen (autodial und autoanswer).Die Junior-

Box hat die Zulassung FTZ ZA 301 239 U für das Postmodem MDB 1200-03 und kostet 1708,- DM (Smarty 1203-Junior). Das Xon/ Xoff-Protokoll wird unterstützt.

- Die Smarty-1203-Box hat zusätzlich ein Datensicherungsprotokoll, einen Paßwortschutz sowie eine Fernparametrierung. Ein Rückrufspeicher für 300 Teilnehmer vermeidet ein Eindringen von nichtberechtigten Personen in das System durch Rückrufe. Dieses Modem besitzt die Zulassungsnummer FTZ ZA 301 230 U ebenfalls für den Modemkern MDB 1200-03. Es kostet 1993,- DM (Smarty Master).

Die Miete für den Modemkern im mobilen Einsatz beträgt 32 DM/ Monat.

3.2 Hayes Smartmodem

Das Hayes Smartmodem ist **das** Modem aus den USA, das die Herzen aller DFÜ-Fans höher schlagen läßt und doch wegen der Postbestimmungen für sie unerreichbar ist. Es sucht sich seine Telefonnummer aus einem Verzeichnis, wählt, stellt die Verbindung her, gibt sich durch "Logon"-Prozeduren zu erkennen und beendet sie - alles bei entsprechender Software vollautomatisch zu bestimmten Zeiten oder bei Vorliegen bestimmter Bedingungen.

Hayes-Kommandos sind:

"AT": Mit "AT" beginnen alle Befehle an das Modem (Attention).
"D" : Dial: Wählen
"B" : Wähle die CCITT-V.22-Schnittstelle.
"B1": Wähle den Bell-103/212A-Mode.
"C" : Trägerfrequenz ausschalten.
"C1": Trägerfrequenz anschalten.
"F" : Halbduplex wählen.
"F1": Vollduplex wählen.
"H" : Telefonhörer auflegen.
"Z" : Interne Register zurücksetzen.

Hayes Modems können bezogen werden von (FTZ-Nummer beachten!):

- Micro Products International, Hünefeldstr. 5, D 5100 Aachen
- Leadtorn Industrial Inc., 2F. No. 2 Lane 166, Ming Shen E Road, Taipei, Taiwan
- Arce Iberia, S. A., C/Padre Larramendi. 3-2, 48012 Bilbao, Spanien
- GVC-Modems, SM 30 398,- DM, SM 120+ 848,- DM, SM 24 2090,- DM bei resco electronic, Hessenbachstr. 35, D 8900 Augsburg, Tel 08 21/52 40 33, Mailbox 08 21/52 40 35.

4 Übertragungsprotokolle

Ein Terminalprogramm sendet in der einfachsten Version jedes auf der Tastatur getippte Zeichen zum Empfänger (host). Was geschieht jedoch, wenn eine ganze Datei sehr schnell gesendet werden soll und der Empfänger nur einen kleinen Eingangspuffer hat? Er wird sich an den eingehenden Zeichen verschlucken. Wenn ein Drucker Zeichen empfängt und sein Puffer überläuft, sagt er dem Rechner über seine Steuerleitungen: Ich kann nicht mehr, mache bitte eine Pause, bis ich wieder bereit bin. Dies erfolgt über die Steuerleitungen, über die der Drucker mit dem Rechner verbunden ist. Sind zwei Rechner direkt über die seriellen Schnittstellen miteinander verbunden, so kann dies auch entsprechend erfolgen. Bei der Datenfernübertragung über das Telefon steht jedoch nur eine Leitung zur Verfügung.Kontrollzeichen zum Steuern müssen daher in den Datenstrom eingebunden werden. Wenn die Steuerung über den Datenstrom erfolgt, muß die Abstimmung der Partner außerordentlich gut klappen. Sie müssen sich bestimmten Regeln unterordnen. Diese Regelverzeichnisse werden Protokolle genannt. Manche Protokolle können ihre historische Entstehung nicht verleugnen, ging es früher doch hauptsächlich um den langsamen Wagenrücklauf der Teletypes am Ende einer Zeile. Aber auch bei heutigen Bildschirmen entstehen gravierende Zeitprobleme. Beim Bildschirm-Scrolling (wenn eine neue Zeile beschrieben werden muß) braucht der IBM XT 8,3 ms. Bei 10 Bits pro Zeichen können bei 1200 Baud jedoch maximal 120 Zeichen/s empfangen werden. Für jedes Zeichen stehen dem Rechner dann 8,3 ms zur Verfügung. In dieser Zeit muß er aber außer den Bildschirm noch andere Funktionen bedienen. Er wird sich verschlukken, wenn man nicht gewisse Tricks anwendet.

Es haben sich heute bestimmte Protokolle durchgesetzt. Die bekanntesten sind XModem, Xon/Xoff und ETX/ACK. Auto ist ein im Programm "Verbindung" benutztes automatisiertes Dateiübertragungsprotokoll,das dem in Crosstalk benutzten Protokoll ähnelt.

4.1 Das Übertragungsprotokoll Auto

Auto ist ein im Programm "Verbindung" benutztes automatisiertes Dateiübertragungsprotokoll, das vom Empfänger nur einen maximalen Zwischenspeicher von 128 Bytes verlangt.

Manche Rechner besitzen nur einen kleinen Speicher, um Daten zu empfangen. Kommen mehr Zeichen rein ohne entsprechender Ende-Markierung (z.B. #3, #10 oder #13), können manche Rechner die Daten nicht verarbeiten. Als Beispiel sei das Dialogsystem Süd DSS der FU Berlin genannt. Schickt man im Dialogsystem über den Akustik-Koppler, sofern man den Standard-Empfangsspeicher nicht verändert, eine Zeile, so antwortet der Editor mit der nächsten Zeilennummer. Während dieser Zeit kann man keine Daten übertragen. Erfolgt die Eingabe innerhalb eines Programms, muß ebenfalls auf eine Antwort gewartet werden (meistens ein Stern *).

Auto läßt nun folgendes Protokoll ablaufen:

- Der Sender A schickt immer nur eine komplette Zeile zum Empfänger. Unter Zeile verstehen wir hier eine Zeichenkette, die vom Zeichen LineFeed = #10 begrenzt ist. Dies trifft z.B. auf Quelltexte in Turbo-Pascal zu.
- Die maximale Zeichenlänge soll 128 betragen. Dies trifft auf Turbo-Pascal-Quelltexte zu.
- Der Empfänger B wartet auf die Endemarkierung. Die muß nicht LineFeed sein, weil alle gesendeten Zeichen durch ein Filter laufen und entsprechend umgewandelt werden können.
- Nach Erhalt der Endemarkierung sendet der Empfänger B ein beliebiges Zeichen zurück.
- Der Sender A notiert dieses Zeichen und wartet eine festgelegte Zeit ab, in der der Empfänger beliebige Zeichen senden kann (z.B. eine Zeilennummer).
- Der Sender A sendet die nächste Zeile usw.
- Kommt vom Empfänger B kein Quittierungszeichen(z.B. durch Fehler in der Übertragungsstrecke), so kann die Übertragung durch Tastendruck fortgesetzt oder unterbrochen werden.

4.2 Das Übertragungsprotokoll XModem

"XModem" ist die Protokollbezeichnung für eine spezielle Übertragung einer Datei. X in XModem und anderen Protokollbezeichnungen steht grundsätzlich für "transmit". Hierbei werden

- Blöcke zu je 128 Bytes übertragen. Die Übertragung beginnnt mit dem
- Zeichen #1,
- einer Blocknummer
- und dem Einerkomplement der Blocknummer. Sie endet mit einem
- Prüfbyte, das folgenden Wert hat: Summe der Werte aller im Block gesendeten Zeichen modulo 256. Die Übertragung erfolgt meistens
- asynchron mit
- 8 Datenbits,
- ohne Parität mit
- einem Stoppbit,
- Zur Speicherung werden die Daten in einer Speicherdatei "zwischengelagert".

Beim Empfang unter "XModem"-Protokoll wird oft keine Prüfung durchgeführt, weil hierzu die Empfangszeit zu knapp ist. Sie erfolgt dann erst anschließend unter folgenden Bedingungen:

1. Das Zeichen #1 wird gesucht und entfernt.
2. Die Blocknummer muß dem Zeichen #1 folgen. Die Blocknummern müssen in aufsteigender Folge empfangen werden. Die Blocknummern werden entfernt.
3. Das Einerkomplement der Blocknummer muß der Blocknummer folgen und richtig sein. Es wird entfernt.
4. Die Blocklängen (128 Zeichen/Block) werden überprüft.
5. Das Prüfbyte wird auf Richtigkeit überprüft und entfernt.
6. Die Speicherdatei wird entsprechend zusammengeschoben ("crunching"). Vorkommende Fehler werden angezeigt.
7. Die Speicher-Datei wird gegebenenfalls auf Diskette geschrieben.

Was versteht man unter dem Einerkomplement einer Zahl?

Jede Dezimalzahl läßt sich auch in Zahlensystemen mit anderer Basis darstellen. Computer benutzen häufig das Zweier-,Binär- oder Dualsystem. In diesem System lautet die Basis 2. Der Buchstabe "N" hat den ASCII-Code 78.Im Zweiersystem werden die Zahlen länger, weil nicht mehr 10 Ziffern, sondern nur noch zwei zur Verfügung stehen, nämlich 0 und 1. 78 läßt sich als Summe von Potenzen der Basis 2 schreiben:

$$78 = 64 + 8 + 4 + 2$$
$$= 0*2^7 + 1*2^6 + 0*2^5 + 0*2^4 + 1*2^3 + 1*2^2 + 1*2^1 + 0*2^0.$$

Schreibt man nur die Koeffizienten 0,1,0,0,1,1,1,0 der Potenzen auf, so erhält man die zugehörige Dualzahl:
78 (dezimal) = 01001110 (dual).

Unter dem Neunerkomplement einer Dezimalzahl a versteht man die Zahl, die man zu a addieren muß, um die nächste Zehnerpotenz-1 zu bekommen. Bei 78 lautet die nächste Zehnerpotenz 100. Um 1 verringert, erhält man 99. Zu 78 muß man 21 addieren, um 99 zu bekommen. Einfacher ausgedrückt: Jede Ziffer einzeln wird zu 9 ergänzt.

Um das Komplement einer Dualzahl zu erhalten, muß jedes einzelne Bit der Dualzahl invertiert (umgedreht) werden: Aus 0 wird 1 und aus 1 wird 0. Das Komplement zu 01001110 (dual) heißt also 10110001 (dual). Addiert man eine Dualzahl und ihr Komplement, so erhält man bei einer achtstelligen Dualzahl 11111111 (dual). Dies entspricht dezimal 255.

Das Einerkomplement einer Dualzahl ist identisch mit dem Komplement.

4.3 Das Übertragungsprotokoll Xon/Xoff

Das Xon/Xoff-Protokoll setzt das Duplex-Verfahren voraus, damit der Empfänger den Sender unterbrechen kann. Nur zwei Steuerzeichen werden in den Datenstrom eingebettet. Es ist deshalb ein einfaches Protokoll.

- Bei Empfangsbereitschaft sendet der Empfänger das Zeichen dezimal #17 (Ctrl Q oder als ASCII-Zeichen DC1).
  Dies entspricht dem Zustand Xon (bereit).
- Der Sender sendet jetzt.
- Ist der Empfänger überlastet, sendet er das Zeichen dezimal #19 (Ctrl S oder als ASCII-Zeichen DC3).
  Dies entspricht dem Zustand Xoff (beschäftigt).
- Der Sender muß nun so lange warten,bis der Empfänger Xon signalisiert.

Die Xon/Xoff-Signale müssen natürlich aus dem Datenstrom entfernt werden.

4.4 Das Übertragungsprotokoll ETX/ACK

Dieses Protokoll hat Ahnlichkeit mit dem XModem-Protokoll. Die gegenseitige Steuerung erfolgt

- bei direkter Leitungsverbindung hardwaremäßig über die $\overline{DTR}$- und $\overline{DSR}$-Leitungen und außerdem
- softwaremäßig über die beiden Kontrollzeichen ETX und ACK im Datenstrom.

Wenn die beiden Computer durch die Steuerleitungen $\overline{DTR}$ und $\overline{DSR}$ miteinander verbunden sind, so signalisiert ein aktiver Pegel von $\overline{DTR}$ Empfangsbereitschaft. Sind die beiden Computer jedoch über eine Telefonleitung und einem Akustik-Koppler oder Modem miteinander verbunden, so muß die Steuerung über den Datenstrom erfolgen.

- Der Empfänger signalisiert durch Aktivierung der $\overline{DTR}$-Leitung Empfangsbereitschaft. Er sendet außerdem das "Acknowledge"-Zeichen #6 (Ctrl F).
- Der Sender schickt nun einen Datenblock von 128 Zeichen. Diesen Block schließt er mit dem ETX-Zeichen #3 (Ctrl C) ab.
- Der Empfänger legt die $\overline{DTR}$-Leitung auf "Eins" (beschäftigt). Solange er beschäftigt ist, bleibt die Leitung auf diesem Pegel. Softwaremäßig darf der Sender nichts rüberschicken, solange der Empfänger kein weiteres "Acknowledge-Zeichen" #6 schickt.
- Sobald der Empfänger wieder frei ist, legt er die $\overline{DTR}$-Leitung auf "Null" und sendet das ETX-Zeichen #3 (Ctrl C) (bereit).

Weil immer Datenpakete geschickt und Bestätigungen abgewartet werden,kann dieses Protokoll auch im Halbduplex-Betrieb benutzt werden.

5 Kommerzielle Programme

5.1 Crosstalk

Kurzübersicht zu Crosstalk

Menü : Ein Menü mit Kommandozeile und Informationsfenster. Zweibildschirmtechnik: Kommandos und DFÜ.
Protokolle : XModem und eigenes Crosstalk-Protokoll
Handbuch : Englisch, gut und verständlich.
Funktionstasten: Alle Funktionstasten frei belegbar, auch mit lokalen Befehlen.
Hilfe-System : Hilfen zu jedem einzelnen Befehl und zum Wählen. Allgemeine Hilfen.
Erläuterungen : in englisch.
Steuerung : Scriptfile und Parameter-Dateien.Automatisches Wählen, Rückruf, Senden, Empfangen, Fernsteuerung
Hersteller : Microstuff/EDV-BV GmbH, Pf. 29, 8473 Pfreimd
Preis : ca. 471,- DM (Crosstalk XVI V3.61 PC-Direct, Postfach 10 29 55, D 4300 Essen 1); 399,- DM (Alpha Type GmbH, Rheinallee 53, D 6500 Mainz).

Crosstalk ist **das** kommerzielle Standard-DFÜ-Programm für IBM XT -kompatible Rechner. Viele Programme haben die Trennung von lokalen Befehlen und Datentransfer übernommen - so auch das in diesem Buch vorgestellte Programm "Verbindung". Hierbei werden die lokalen Befehle optisch durch eine eigene Bildschirmseite von den Daten getrennt. Unter lokalen Befehlen versteht man die Kommandos an den eigenen Rechner, die nicht über die Datenleitung rausgehen, z.B. den DIR-Befehl.

Nach dem Start des Programms erscheint eine Copyright-Meldung und sodann die Bildschirmseite mit den lokalen Befehlen. Bild 5.1 zeigt eine "Hardcopy" dieser Bildschirmseite.Alle wichtigen Parameter sind zu erkennen.

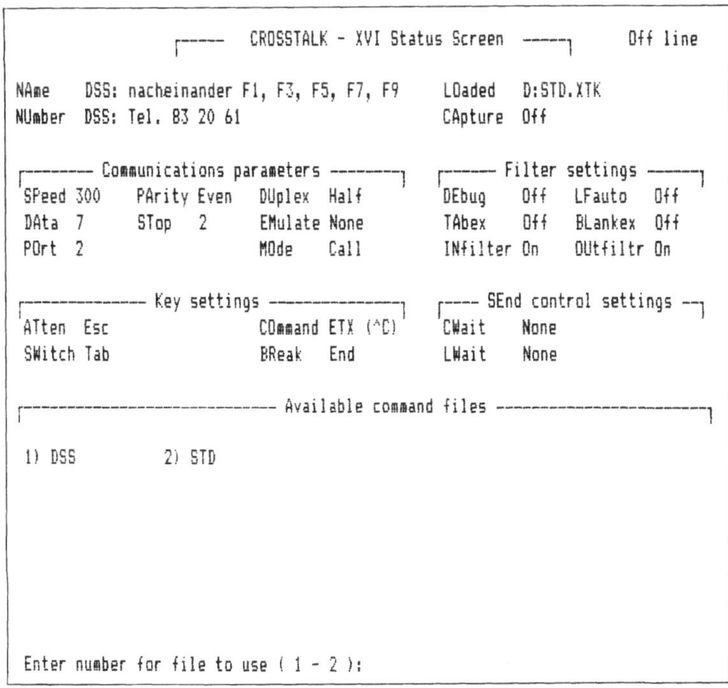

```
        ┌---- CROSSTALK - XVI Status Screen ----┐        Off line

NAme    DSS: nacheinander F1, F3, F5, F7, F9     LOaded   D:STD.XTK
NUmber  DSS: Tel. 83 20 61                       CApture  Off

┌------- Communications parameters -------┐   ┌----- Filter settings -----┐
SPeed 300   PArity Even   DUplex  Half         DEbug    Off   LFauto   Off
DAta  7     STop   2      EMulate None         TAbex    Off   BLankex  Off
POrt  2                   MOde    Call         INfilter On    OUtfiltr On

┌------------ Key settings ------------┐     ┌---- SEnd control settings --┐
ATten  Esc                COmmand ETX (^C)     CWait    None
SWitch Tab                BReak   End          LWait    None

┌------------------------ Available command files -----------------------┐

1) DSS          2) STD




Enter number for file to use ( 1 - 2 ):
```

Bild 5.1 Kommandoseite von Crosstalk

Die Kommandoseite ist in acht Bereiche unterteilt (s.Bild 5.1). Im oberen Teil des Bildschirms stehen Angaben zum automatischen Wählen und die Namen der Parameter- und Speicher-Datei. In der Mitte finden wir die Übertragungsparameter und die Filterschalter. Bestimmte Tasten erfüllten wichtige Funktionen bei der Bedienung des Programms (key settings). Daran schließen sich Angaben zur Zeitverzögerung beim automatischen Dateitransfer an. Im unteren Bereich befindet sich das Informationsfenster, in dem jetzt alle sogenannten Parameter-Dateien aufgelistet sind. Die Parameter-Dateien enthalten die persönlichen DFÜ-Parameter. Sie sind mit einer Nummer versehen, um die Eingabe zu vereinfachen. Die unterste Zeile ist die Kommandozeile,in der man die Befehle eingibt.

In Crosstalk werden Befehle mit zwei Buchstaben eingegeben. So bekommt man mit LIst alle nichtsichtbaren Parameter gezeigt:

DRive	A:	ACcept	Everything	PWord	
PRefix	ATVODT	DSuffix	¦	TUrnarnd	Enter
PRinter	Off	UConly	Off	ANswback	On
PMode	1	BKsize	1	DNames	200

Mit HElp kann man sich den Befehlssatz im Informationsfenster zeigen lassen. Er ist zu mächtig, um auf einmal in das Fenster zu passen. Er umfaßt 66 Befehle. Mit RETURN bekommt man jeweils weitere Teile gezeigt. Crosstalk ist ein klassisches Datenfernübertragungsprogramm. Wir werden deshalb exemplarisch alle Befehle erläutern.

Befehle werden mit zwei Buchstaben eingegeben, die mit RETURN abgeschlossen werden. Der Aufruf mit zwei Buchstaben ist zwar umständlicher als ein Eintastenaufruf, aber bei 66 Befehlen ist das nicht zu vermeiden.

Der Befehlssatz

NAme	NUmber	GO	ACcept	ANswback	ATten	BReak
SWitch	CWait	LWait	DEbug	DPrefix	DRive	DSuffix
EMulate	FIlter	FKeys	INfilter	LFauto	LOad	MOde
POrt	PWord	QUit	RQest	SAve	SCreen	SEnd
SNapshot	TImer	TUrnarnd	XDos	BKsize	BYe	CApture
CDir	COmmand	CStatus	DAta	DIr	DNames	DO
DUplex	ERase	HElp	LIst	NO	OUtfilter	PArity
PIcture	PMode	PRinter	RCve	RXmodem	SPeed	STop
TAbex	BLankex	TYpe	UConly	WRite	XMit	XXmodem

For more information on a command, type "help xx" where "xx" is the command name (for example, "help LO" for information on the LOad command). If you need more general help, type "help general" or "help call".

Die drei Befehle GEneral, CAll und REply werden durch den HElp-Befehl nicht aufgelistet.

Zu jedem einzelnen Befehl kann man Erläuterungen bekommen, indem man HE BEfehlsname eingibt, z.B. HE NA:

The NAme command is used to set the name of a called location. Use of this command is optional. If a NAme has been given to CROSSTALK, the name will be sent as a "greeting" message whenever a remote terminal calls into CROSSTALK in the answer mode.

Dieses Hilfe-System ist (außer daß es englisch ist) ausgezeichnet. Der Autor konnte sich sehr schnell mit Crosstalk anfreunden.

Nach dem HElp-Befehl sind noch zwei weitere Befehle von besonderer Bedeutung: Mit QUit verläßt man das Programm und mit der Taste, die unter "key setting" (hinter "SWitch") steht, startet man die Datenfernübertragung.

Wir betrachten den Befehlssatz von Crosstalk in alphabetischer Reihenfolge. Manche Befehle verlangen die Eingabe eines Parameters, z.B. SPeed. In der Kommandozeile erscheinen dann die zugelassenen Werte der Parameter. Man gibt diese dann nach einer Leerstelle ein. Beispiele: SP 300 oder HI SP.

ACcept : Schränkt die Zugriffsmöglichkeit eines Gast-Rechners auf das eigene System ein. Erlaubte Parameter:
NOthing: Keine Zugriffsmöglichkeit auf Diskettendateien.
APpends: Der Gast kann Dateien an Diskettendateien anhängen, aber nicht löschen oder überschreiben.
CReates:Der Gast kann neue Diskettendateien errichten,alte aber nicht löschen.
EVerything:Der Gast darf (fast) alles:Diskettendateien löschen, anhängen und überschreiben.
ANswback : Wenn AN gesetzt ist, wird bei der Anmeldung eines Gastes durch #5 (Ctrl E) der Inhalt der Funktionstaste F4 an den Gast gesendet.
ATten : Das Programm bittet die Taste zu drücken,mit der man

auf der DFÜ-Bildschirmseite lokale Befehle aufruft. Standardtaste: ESCAPE.

BKsize : Bei Dateiübertragungen mit einem Protokoll werden meistens Blöcke zu je 256 Bytes gesendet. BK akzeptiert natürliche Zahlen aus [1..16].Sie geben an, wieviele Blöcke auf einmal abgeschickt werden sollen. Standardwert: BK = 1.

BLankex : Wird der SE-Befehl zur Datei-Übertragung benutzt, so wird in allen übertragenen leeren Zeilen ein Leerzeichen eingefügt.

BReak : Wählt eine Taste für die Break-Funktion aus.

BYe : Der Telefonhörer wird elektronisch aufgelegt. Der Benutzer bleibt jedoch in Crosstalk.

CAll : Geht nur in Verbindung mit HE: HElp CA, andernfalls wird CApture aufgerufen. CAll listet Hilfen zum automatischen Anruf auf. Das geht jedoch nur, wenn man Hayes Smartmodem oder ein ähnliches Modem hat (siehe oben).

- Telefonnummer mit NU eingeben (siehe NUmber).
- GO startet den Anruf.
- BYe legt den Hörer wieder auf.

CApture : Alle ein- und ausgehenden Zeichen werden in der Speicherdatei eingefangen. Diese ist 64 Kbyte groß. Der Befehl HE CA geht nicht, weil CAll damit aufgerufen wird.

ohne Parameter: Das Programm fragt nach dem Namen der Speicherdatei. Existiert bereits eine, werden die Daten auf Diskette geschrieben. Es bestehen die Optionen "Anhängen" und "Löschen".

ON: Alle Zeichen werden gespeichert (ein- und ausgehende).

OFf: Es werden keine Zeichen mehr gespeichert.

CDir : "Change Directory": Das aktuelle Laufwerk- und Pfadverzeichnis kann geändert werden. Es gelten die Regeln für MS-DOS. Beispiel: CD b:TURBO

COmmand : Sendet ein Gast das COmmand-Zeichen, so sollen die folgenden Zeichen lokale Befehle sein. CO ändert das COmmand-Zeichen.

CStatus : ohne Parameter: Gibt den Zustand der Speicherdatei wieder, z.B. wieviele Zeichen sie enthält.

"Zeichenkette": Sucht in der Speicherdatei nach allen vorkommenden Zeichenketten und gibt die Umgebung mit aus. Voraussetzung: CApture muß gesetzt sein.

CWait : CWait läßt den Rechner nach jedem gesendeten Zeichen warten.

ohne Parameter: Der Rechner wartet nicht.

ECho: Der Rechner wartet, bis der Gast antwortet.

DElay XX: Er wartet nach jedem Zeichen XX/10 s, z.B.

DE 20: Der Rechner wartet nach jedem Zeichen 2s.

DAta : Die Datenbits werden gesetzt. In der Kommandozeile stehen die erlaubten Werte 7 und 8. Beispiel: DA 7

DEbug : Wandelt Kontrollzeichen vor dem Schreiben auf den Bildschirm in Graphikzeichen um.

ohne Parameter: keine Umwandlung.

HEx: Das Kontrollzeichen wird in hexadezimaler Form ausgegeben. Ctrl V wird z.B. als 16 ausgegeben.

AScii: Das Synonym des ASCII-Zeichens wird ausgegeben. Ctrl C erscheint z.B. als ETX.

CHar: Ctrl H wird z.B. als ^H ausgegeben.

DIr : DIrectory: Wird wie in MS-DOS gehandhabt, z.B. DI B:

DNames : Schafft Platz in RAM zum Sortieren der Eintragungen des aktuellen Laufwerkverzeichnisses. Standardwert: DN = 200. Jede höhere Zahl nimmt 15 byte Speicherplatz in Anspruch.

DO : Führt Kommandos in einem Scriptfile aus.

DPrefix : Siehe DSuffix.

DRive : Hat zwei Funktionen:

ohne Parameter: Es wird der freie Platz auf der Diskette im aktuellen Verzeichnis ausgegeben.

B: Das aktuelle Laufwerk soll B: sein.

DSuffix : Crosstalk kann automatisch wählen. Hierzu wird ein sogenannter Prefix gesendet, dann die Telefonnummer gewählt und zum Schluß der Suffix gesendet.Prefix und Suffix sind zwei Zeichenketten, die zur Kontrolle der benutzten Modems dienen: Prefix¦Nummer¦Suffix. Hierdurch können unterschiedlich Modems benutzt werden. Der Prefix und Suffix können folgende Steuerzeichen enthalten:

¦ wird als RETURN übersetzt.

~ führt zu 1s Pause während des Wählens.

^ markiert das nächste Zeichen als Kontrollzeichen.

Zur genaueren Anwendung muß das Handbuch des benutzten Modems beachtet werden.

DUplex : Duplex wird gesetzt. In der Kommandozeile stehen die erlaubten Parameter half und full.

EMulate : Aus einer auf dem Bildschirm vorgegenen Liste können besondere Bildschirme angepaßt werden.

ERase : Löscht Eintragungen.

ohne Parameter: Löscht die Speicherdatei.

Filename: Löscht eine Datei auf der Diskette.

.: Löscht alle Diskettendateien.

In allen Fällen wird nachgefragt,ob tatsächlich gelöscht werden darf.

FIlter : Listet alle Eingangsfilter auf. Siehe hierzu auch INfilter und OUtfilter. Filter löscht Zeichen, ersetzt sie aber nicht. Wird ein Zeichen gefiltert, so steht im Informationsfenster hinter dem Zeichen ok, andernfalls NO.

FKeys : Zeigt die Belegung der Funktionstasten an.

ohne Parameter: Belegung der normalen Funktionstasten.

S: Belegung der SHIFT-Funktionstasten.

C: Belegung der CTRL-Funktionstasten.

A: Belegung der ALT-Funktionstasten.

Die Funktionstasten können belegt werden, wenn man eine Zeichenkette anfügt:

Beispiel: FK S2"LogonText" belegt die Funktionstaste SHIFT F2 mit dem Text LogonText. Soll der Text mit einem RETURN abgeschlossen werden, so muß am Ende (oder an der gewünschten Stelle) das Zeichen @ stehen: FK S2"LogonText¦".

Es können auch lokale Befehle programmiert werden. Sie müssen mit dem Zeichen ¦ beginnen. Beispiel: FK A3"@DIr¦" listet das Laufwerkverzeichnis auf. Hierdurch lassen sich kompakte Befehlssequenzen bilden. ~fügt eine Pause von 2s ein.

GEneral : Listet einen allgemein erläuternden Text zum Wählen und zum Hilfe-System auf.

GO : Startet den Wählvorgang und schaltet den Bildschirm auf die DFÜ-Seite. Zum Wählvorgang siehe auch DSuffix.

HElp : Listet alle Befehle auf und zeigt,wie man Erläuterungen zu den einzelnen Befehlen bekommt: z.B. HE PO.

INfilter : Alle reinkommenden Daten werden gefiltert. Die Zeichen, die in der Filter-Datei stehen, werden ausgesondert. INfilter setzt sieben Datenbits.

LIst : Listet zusätzliche Parameter auf, z.B. die Zustände von DRive, PRinter oder ACcept.

LFauto :Wird eine Datei gesendet, so wird nach jedem RETURN ein LineFeed, nach jedem LineFeed ein RETURN hinterhergeschickt.

LOad : Lädt die Parameter-Datei von der Diskette. Der Name der Datei wird rechts oben auf dem Bildschirm angezeigt.

LWait : Beim Senden kann das Programm nach jedem Zeichen eine Pause einlegen, damit langsamere Rechner diese verarbeiten können. Der LWait-Befehl gilt nur für den SEnd-Befehl.
Parameter:
PRompt X: Es wird eine Zeile gesendet, dann auf X-Zeichen gewartet. Danach wiederholt sich der ganze Vorgang.
CHar "X": Es wird eine Zeile gesendet. Dann wartet der Rechner auf das Zeichen "X", ehe er die nächste Zeile abschickt.
DElay X: Zwischen zwei Zeichen wird X/10 s gewartet.
MAnual: Es wird immer nach Tastendruck eine Zeile gesendet.
LEarn: Es wird eine Zeile gesendet, dann wartet der Rechner auf Zeichen. Bis zum Tastendruck "lernt" er die Antwort des Gastes. Diese nimmt er bei den nächsten Zeilen als Wartebedingung.

MOde : Soll ein automatischer Antwort-Anruf gemacht werden? Erlaubte Begriffe: ANswer und CAll. Im CAll-Mode wird Vollduplex, im ANswer-Mode Halbduplex eingeschaltet. Der Modus steht in der Mitte des Bildschirms.

NAme : Beim automatischen Datenverkehr wird die Zeichenkette, die links oben auf dem Bildschirm hinter NAme steht, als Grußbotschaft geschickt.

NO : interner Befehl.

NUmber : Telefonnnumer zum automatischen Wählen.

OUtfilter: Wenn OUtfilter angeschaltet ist, wird LineFeed #10 nicht gesendet.

PArity : Parität: erlaubte Begriffe: even, odd und none.

PIcture : Schreibt den Bildschirminhalt in eine Diskettendatei. PI hat eine ähnliche Funktion wie "Print Screen" bezüglich des Druckers. Parameter:

NAME: Wenn die Diskettendatei NAME existiert, wird nachgefragt, ob sie überschrieben werden soll, oder ob der Bildschirminhalt angehängt werden soll.

PMode : Wenn Dateien zwischen Rechnern mit PC-DOS ausgetauscht werden sollen, sollte PM auf 2 gesetzt werden. Ist ein Rechner mit CP/M beteiligt, sollte PM auf 1 gesetzt werden.

POrt : Serielle Schnittstelle. Erlaubte Begriffe: 1, 2.

PRinter : Der Drucker wird ein- und ausgeschaltet. Parameter: ohne Parameter: Es wird nachgefragt, ob der Druckerzustand geändert werden soll.

ON: Der Drucker "läuft mit".

OFf: Der Drucker wird abgeschaltet.

/: Wechselt den Druckerzustand.

DOs:Ein Drucker soll über eine der seriellen Schnittstellen angesprochen werden.

PWord : Paßwort: Jeder Gast, der anruft, muß dieses Paßwort schicken. Eingabe: PW"Dies ist ein Paßwort". PWord wandelt alle Kleinbuchstaben in Großbuchstaben um. Es sind keine Umlaute und höchstens 12 Zeichen erlaubt. Das Paßwort gilt nur für den ANswer-Mode.

QUit : Legt den Hörer elektronisch auf und beendet das Programm.

RCve : interner Befehl.

REply : Befehl für Scriptfile. RE"Hallo, das bich ich." sendet die Zeichenkette "Hallo, das bin ich." an das Modem. ¦ gibt RETURN an.

RQest : Der DFÜ-Teilnehmer im CAll-Mode verlangt vom Rechner im ANswer-Mode,daß eine Datei zu ihm geschickt wird. Parameter: A:NAME1 B:NAME1: Die Datei NAME1 beim DFÜ-Partner in Laufwerk A soll [illegible] Rufer geschickt werden und dort in der Datei NAME2 im Laufwerk B abgespeichert werden. Dies geht nur, wenn beide Programme unter Crosstalk laufen.

RXmodem : Das XModem-Protokoll wird für den Empfang ein- und ausgeschaltet. Parameter:

NAME: Die Daten werden unter XModem-Protokoll empfangen und in der Diskettendatei NAME abgespeichert.

SAve : SA schreibt die Parameter-Datei, die rechts oben im Bildschirm angezeigt wird, auf Diskette.

SCreen : Dieser Befehl gestaltet die Farben des Menüs.

S: Schaltet zur Kommandoseite.

T: Schaltet zur DFÜ-Seite.

N Farbbuchstabe (z.B. N R): Bestimmt die Farbe der Schrift auf der Kommandoseite ab dem 3. Buchstaben eines Wortes (hier rot). Es sind nur die Anfangsbuchstaben der englischen Farbbezeichnungen erlaubt. N steht für "normal" (normale Helligkeit).

H Farbbuchstabe: Bestimmt die Farbe der ersten beiden Buchstaben eines Wortes. H steht für "highlight" (erhellt) bei s/w-Monitoren.

SEnd : Der Inhalt einer Diskettendatei wird mit oder ohne Protokoll gesendet.

ohne Parameter: Der Dateiname wird erfragt.

NAME: Die Datei NAME wird gesendet.

Die gesendeten Zeichen werden im Informationsfenster angezeigt.

SNapshot : Eigener Puffer für den Bildschirm. Man kann hiermit einen Bildschirminhalt sichern. Erlaubter Parameter: Zeilennummer des Bildschirms.

SPeed : Übertragungsgeschwindigkeiten in Baud. Erlaubte Geschwindigkeiten: 110, 300, 600, 1200, 2400, 4800 und 9600.

STop : Anzahl Stoppbits. Erlaubte Begriffe: 1,2.

SWitch : Schalter zum Umschalten der Kommando- und DFÜ-Seite. Nach SW wird der Benutzer aufgefordert, die Taste zu drücken, die zwischen den Seiten umschalten soll.

TAbex : Wenn TA gesetzt ist, werden Tabulatoren als Leerzeichen interpretiert und gesendet.

TImer : Auf der DFÜ-Seite kann rechts unten eine Uhr mit der Systemzeit eingeblendet werden. Erlaubte Begriffe: on und off.

ohne Parameter: Der Rechner fragt nach, ob die Anzeige der Uhr

(Anzeige oder Nichtanzeige) geändert werden soll.

TUrnarnd : Gibt das Zeichen an, das statt #13 bei RETURN gesendet werden soll. TUrnarnd fordert den Benutzer auf, die Taste zu drücken, deren Wert statt RETURN gesendet werden soll.

TYpe : Zeigt den Inhalt der Speicher-Datei oder einer Diskettendatei auf dem Bildschirm.

ohne Parameter: die gesamte Speicher-Datei.

NAME: Zeigt die Diskettendatei NAME.

#: Zeigt Speicher-Datei mit Zeilennummern.

Name: Zeigt Diskettendatei mit Zeilennummern.

#100: Zeigt Speicherdatei ab Zeile 100.

#100 NAME: Zeigt Diskettendatei ab Zeile 100.

UConly : Upper Case Only beim Senden SEnd: Alle Kleinbuchstaben werden beim Senden mit SEnd in Großbuchstaben verwandelt. Dies hat keine Auswirkungen auf empfangene Zeichen und die Terminaleingaben.

WRite : Schreibt den Inhalt der Speicher-Datei auf Diskette. Der Name der Speicher-Datei steht rechts oben im Bildschirm.

XDos : Beendet das Programm und keht zu MS-DOS zurück, ohne den Telefonhörer elektronisch aufzulegen.

XMit : Eine Datei soll zu einem anderen Crosstalk-Rechner geschickt werden.XMit entspricht dem SEnd-Befehl mit Crosstalk-Protokoll. XMit verlangt den ANswer-Mode. Parameter:

NAME: Die Diskettendatei NAME wird gesendet.

*.PAS: Alle Dateien, deren Namen mit PAS enden,werden gesendet. Pfad- und Laufwerkbezeichnungen sind erlaubt.

XXmodem : Das XModem-Protokoll wird für zu sendende Dateien ein- und ausgeschaltet. Parameter:

NAME: Die Diskettendatei NAME wird unter XModem-Protokoll gesendet.

Parameter-Dateien

Crosstalk verwendet Dateien, in denen alle eingestellten Parameter abgespeichert und bei Bedarf wieder hervorgeholt werden können. Beim Start des Programms werden diese Dateien mit Nummern versehen aufgelistet. Der Benutzer kann dann die geeignete auswählen. Später kann er sie mit SAve und LOad nach Belieben verwenden. Parameter-Dateien bieten sich an,

- wenn mehrere Benutzer an einem Rechner arbeiten oder wenn
- ein Benutzer mit verschiedenen Partnern bei unterschiedlichen Bedingungen arbeitet.

Crosstalk hat im Bereich der DFÜ-Programme Maßstäbe gesetzt. Es gibt Programme auf dem Markt, die in der äußeren Form Crosstalk so ähnlich sehen,daß die Hersteller eigens Bemerkungen einfügen, daß die Ähnlichkeit sich nur auf das Äußere und nicht auf den Code bezieht.

5.2 Plink

Kurzübersicht zu Plink

Menü : Mehrere "Pull-Down Menüs" in Fenstertechnik. Aufruf durch die Funktionstasten F1 .. F10 und ALT-Tasten.
Protokolle : Xon/Xoff
Funktionstasten: Alle Funktionstasten SHIFT, CTRL und ALT F1 - F10 frei belegbar.
Hilfe-System : Informationszeile am unteren Rand des Monitors. "Pull-Down Menüs" sehr umfangreich, aber keine weiteren Erläuterungen. Gute Anzeige der gesetzten Parameter.
Erläuterungen : in englisch.
Hersteller : Perfect Software

In kurzer Zeit kommt der Benutzer mit Plink zurecht. Zwar erscheint der Bildschirm nach dem Programmstart bis auf eine Informationszeile am unteren Rand schwarz und leer. Aber ganz am rechten Rand steht "F1=Help". Diese Taste eröffnet ein System von "Pull-Down Menüs", das sich immer tiefer verschachtelt und alle möglichen Parameter erreicht.Die einzelnen Punkte der verschieden Menüs werden durch die Funktionstasten F1 bis F10 und bei Bedarf durch einige ALT-Tasten (z.B. ALT A) aufgerufen. Die F10-Taste führt immer wieder auf die nächsthöhere Ebene der Menüs zurück. Ein Menü wird jeweils links oben auf dem Bildschirm als Fenster mit weißem Hintergrund abgebildet.Bei weiterer Verschachtelung überlappen sich diese Fenster. Beim Start des Programms erscheint in der unteren Zeile zum Beispiel die Meldung

```
00:00:00                V1.00  Term=ADM    Baud=300    F1=Help
```

Es wird neben der mit Plink verbrachten Zeit das emulierte Terminal, die Übertragungsgeschwindigkeit und der Hinweis auf die Hilfe-Taste F1 gegeben.

Wird der Drucker eingeschaltet und/oder wird die Speicherdatei eingeschaltet, erscheinen hinter der laufenden Zeit die Meldungen "Prt Dateiname". Ansonsten gehört der Bildschirm den übertragenen Daten. Mit F1 wird das Hauptmenü (1.Ebene) aufgerufen. Befehlssequenz: F1

Perfect Link (tm) Ver 1.00
(c)Copyright 1983 Perfect Software

	HELP MENU	**Erläuterungen**
F1	: Display this Menu	Genau dieses Menü wird gezeigt.
F2	: Open Log File	Speicherdatei benennen.
F3	: Close Log File	Speicherdatei schließen.
F4	: Toggle Printer On/Off	Drucker an- und ausschalten.
F5	: Send and Receive File	Untermenü Filetransfer wählen.
F6	: Configure Perfect Link	Übertragungsparameter setzen.
F7	: User Function Key	Funktionstasten listen/belegen.
F8	: Utility Menu	Hilfsmenü wählen.
F10	: Exit Program	Das Programm beenden.
Alt A	: Abort XOFF sequence	Xon/Xoff-Protokoll unterbrechen
Alt B	: Set Break Sequence	Unterbrechungen festlegen.
Alt E	: Erase Data Screen	Bildschirm löschen.
Alt N	: Send NULL character	^@ senden.
Alt P	: Purge Buffer and Screen	Speicherdatei/Bildsch. löschen.

Press any other key to continue.

Die Begriffe der Datenfernübertragung wiederholen sich in jedem Programm, so daß hier offensichtliche Bedeutungen nicht weiter erläutert werden müssen.

Die Funktionen der Tasten F1 bis F4 erklären die Erläuterungen. F5 ruft das Untermenü für Protokolle bei Dateiübertragungen auf (Menü der 2. Ebene).
Befehlssequenz: F1 F5

Send and Receive File Menu		**Erläuterungen**
F1	: Receive with protocol	Xon/Xoff-Protokoll beim Empfang
F2	: Send with protocol	Xon/Xoff-Protokoll beim Senden

F3 : Send without protocol	Kein Protokoll beim Senden.
F4 : Send/Receive Options	Weitere Optionen wählen.
F10 : Exit	Zur Ebene 1 zurückkehren.
CR, NL replacement = Yes	RETURN löschen : ja
File format ASCII	Dateiformat: Textdatei
Echo on Send = Yes	Beim Senden auch auflisten.
Receive Drive = A:	Empfangslaufwerk A:
Protocol with Name = DATEI	Name der Protokoll-Datei: DATEI

Mit F4 kann man weitere Optionen setzen (Menü der 3. Ebene):
Befehlssequenz: F1 F5 F4

Send and Receive Options Menu	**Erläuterungen**
F1 : Select Receive Drive	Empfangslaufwerk bestimmen.
F2 : Protocol with File Name	Speicherdatei auf Diskette
F3 : Protocol without File Name	Ohne Namen speichern.
F4 : Toggle ASCII/BINARY format	Text-/COM-Datei umschalten.
F5 : Toggle CR,NL replacement	RETURN löschen an/ausschalt.
F6 : Toggle Echo on Send option	Auflisten beim Senden an/aus
F9 : Update Changes on Disk	Änderungen abspeichern.
F10 : Exit	Zur Ebene 2 zurückkehren.
CR, NL replacement = Yes	RETURN löschen : ja
File format ASCII	Dateiformat: Textdatei
Echo on Send = Yes	Beim Senden auch auflisten.
Receive Drive = A:	Empfangslaufwerk A:
Protocol with Name = DATEI	Name des Protokolls: DATEI

F6 des Hauptmenüs ruft das Untermenü zur Konfiguration der Datenübertragung auf (Menü der 2. Ebene).
Befehlssequenz: F1 F6

Configuration Menu	**Erläuterungen**
F1 : Set Baud Rate	Übertragungsgeschwindigk. setzen.
F2 : Select COM: Port	Serielle Schnittstelle wählen.
F3 : Set Line Control Data	Daten-, Paritäts- und Stoppbits
F4 : Toggle Xon/Xoff enable/disable	Xon/Xoff-Protokoll an/aus

F5 : Toggle Wait on CTS on/off	Zeitverzögerung zwischen zwei zu sendenden Zeichen an/ausschalten.
F6 : Select Terminal Emulation	Bildschirm anpassen aus Liste.
F7 : Select Duplex/Host Option	Duplex wählen.
F8 : Select Delete Options	Bedeutung von "Löschen" 7FH=_.
F9 : Update Changes on disk	Änderungen auf Diskette sichern.
F10: Exit	Zum Hauptmenü zurückkehren.
Host supports Xon/Xoff = Yes	Gastrechner unterstützt Xon/Xoff
Wait in CTS = Yes	Zwischen 2 Zeichen Verzögerung
Del Option = Backspace	"Lösche"-Zeichen = #8

Dieses Menü eröffnet fünf neue "Pull-Down Menüs" der 3. Ebene.
Befehlssequenz: F1 F6 F1

Baud Rate Menu	**Erläuterungen**
F1 : 110	Übertragungsgeschwindigkeiten
F2 : 150	in Baud
F3 : 300	
F4 : 600	
F5 : 1200	
F6 : 2400	
F7 : 4800	
F8 : 9600	
F10 : 19200	
Current Baud = 300	

Befehlssequenz: F1 F6 F2

Select COM: Port	**Erläuterungen**
F1 : Select COM1:	Schnittstelle wählen.
F2 : Select COM2:	
F10 : Exit	
Current = COM1:	

Befehlssequenz: F1 F6 F3

Line Control Menu	**Erläuterungen**
F1 : 8 Bit word	Datenbits
F2 : 7 Bit word	Datenbits
F3 : 6 Bit word	Datenbits
F4 : 5 Bit word	Datenbits
F5 : 1 Stop Bit	Stoppbits
F6 : 2 Stop Bits	Stoppbits
F7 : No Parity	Parität
F8 : Even Parity	Parität
F9 : Odd Parity	Parität
F10 : Exit	
Word = 8 Stop = 1 Parity = No	

Befehlssequenz: F1 F6 F7

Select Duplex/Host Menu	**Erläuterungen**
F1 : Duplex is full	Vollduplex wählen.
F2 : Duplex is half	Halbduplex wählen.
F3 : Enable system as Host	Answer-Mode wählen.
F4 : Disable System as Host	Originate-Mode wählen.
F10 : Exit	Zum Menü der 2. Ebene gehen.
Duplex = FULL	
Host option enabled = NO	

Befehlssequenz: F1 F6 F8

Select DEL (7FH) Option Menus	**Erläuterungen**
F1 : DEL Backspaces only	DEL geht nur zurück.
F2 : DEL Backsp. and Deletes	DEL geht zurück und löscht.
F3 : DEL is disabled	DEL ist abgestellt.
F10 : Exit	Zum Menü der 2. Ebene gehen.
DEL option = Backspaces	

Über F7 der Hauptmenükarte können die Shift-, Ctrl- und ALT-Tasten F1...F10 belegt und ihre Inhalte aufgelistet werden.

Befehlssequenz: Fl F7

User Function Key Menu	**Erläuterungen**
Fl : List SHIFTED F-Keys	Belegung der Shift-Funktionstasten auflisten,ebenso Ctrl-
F2 : List CTRL F-Keys	
F3 : List ALT F-Keys	und Alt-Funktionstasten.
F4 : Define Function Key	Tasten neu definieren.
F5 : Delete Function Key	Tasten löschen.
F9 : Update changes on disk	Änderungen auf Diskette
Fl0 : Exit	Zum Hauptmenü zurückkehren.

SHIFTED Function Keys Defined: 3
CTRL Function Keys Defined : 4
ALT Function Keys Defined : 2

Möchte man eine der Shift-, Ctrl- oder Alt-Funktionstasten mit einer Zeichenkette belegen, so wählt man Fl, F7 und F4.Das Programm bittet den Benutzer, die gewünschte Taste zu drücken:

Define Function Key Screen

Press the key to be defined. To exit, press RETURN only.
Function Key definition SHIFTED F4 Not Defined. (F4 gedrückt.)
Enter new definition below. RETURN only leaves key unchanged.
Terminate input with RETURN or any Function key.New Definition:
Dies ist die Belegung der Funktionstaste Shift F4.^M

Man gebe den Text ein. Möchte man sich doch anders entscheiden und die alte Belegung beibehalten, so gibt man nur RETURN ein. Man beachte, daß ein RETURN im Text als ^M erscheint.

Plink bietet die MS-DOS-Befehle dir, del, ren, type und type¦ more an. Man wähle von der Hauptmenükarte F8.
Befehlssequenz: Fl F8

Utility Menu	**Erläuterungen**
Fl : List Directory	Entspricht dem dir-Befehl.
F2 : Delete File	Entspricht dem del-Befehl.
F3 : Rename File	Entspricht dem ren-Befehl.

F4	: List File	Entspricht dem type-Befehl.
F5	: List File with pause	Entspricht dir¦more.
F10	: Exit	Zum Hauptmenü zurückkehren.

Die übrigen Befehle der Hauptmenükarte rufen keine weiteren Untermenükarten auf.Sie bewirken Schalterumstellungen oder senden einzelne Zeichen. Wie immer bewirkt die Funktionstaste F10 das Ende der Befehlsebene. Hier führt F10 zum Ende des Programms. Wie jedes Programm, das etwas auf sich hält, fragt auch dieses, ob man Plink tatsächlich verlassen will.

Taste		**Erläuterungen**
F10	: Exit Program	Das Programm beenden.
Alt A	: Abort XOFF sequence	Xon/Xoff-Protokoll unterbrechen
Alt B	: Set Break Sequence	Unterbrechungen festlegen.
Alt E	: Erase Data Screen	Bildschirm löschen.
Alt N	: Send NULL charakter	^@ senden
Alt P	: Purge Buffer and Screen	Speicherdatei/Bildsch. löschen.

Plink zeichnet sich durch die "Pull-Down Menüs" in maximal vier Ebenen aus. Natürlich können geänderte Parameter in einer Parameter-Datei abgespeichert werden. Ebenso können gesendete und empfangene Zeichen in einer Speicher-Datei zwischengespeichert und dann auf Diskette geschrieben werden oder direkt abgespeichert werden. Text- und COM-Dateien werden unterstützt.

Für den Transfer von Dateien können mehrere Parameter gesetzt werden. Das Xon/Xoff-Protokoll wird unterstützt. Es existieren praktisch keine Filter für Zeichen.

5.3 Move-it

Kurzübersicht zu Move-it

Menü : Zweibildschirmtechnik: Kommando- und DFÜ-Seite Je ein Menü/Seite. Aufruf auf der Kommandoseite durch "?", auf der DFÜ-Seite durch ESCAPE RETURN.
Protokolle : Xon/Xoff
Hilfe-System : keine Hilfen
Erläuterungen : geringe in englisch.
Steuerung : automatischer Anruf, Smart Terminal Modem
Hersteller : Woolf Software Systems

Zuerst muß Move-it konfiguriert werden, das heißt, an die eigenen Bedürfnisse angepaßt werden. Hierzu startet man das Hilfsprogramm MCONFIG.COM. MCONFIG führt den Benutzer und ist leicht verständlich. Der Nachteil eines solchen Programms ist, daß die Parameter-Nummer der Schnittstelle und Übertragungsgeschwindigkeiten festgelegt werden, es sei denn, man erzeugt sich mehrere Parameter-Dateien. Nach der Copyright-Meldung lesen Sie:
Please enter the filename of MOVE-IT you wish to configure (or press return to use MOVE-IT.UCF): Wenn Sie jetzt RETURN eingeben, brauchen Sie sich um die Paramter-Datei nicht mehr kümmern. Arbeiten Sie mit unterschiedlichen Übertragungsraten, so geben Sie z.B. MOVE1200.COM etc. ein. Danach erscheint eine Liste von Rechnern, aus der Sie z.B. IBM wählen.

Nun wird die Schnittstelle abgefragt. Please enter the communications port to use (0-1): Verwirrend ist die Bezeichnung 0-1. 0 entspricht Port 1, 1 entspricht Port 2.

Auch die Übertragungsgeschwindigkeit wird hier festgelegt. Von 110 Baud bis 9600 Baud sind alle Übertragungsgeschwindigkeiten wählbar.
Please enter the baud rate according to the following table:

0 - 110	3 - 600	6 - 4800
1 - 150	4 - 1200	7 - 9600
2 - 300	5 - 2400	

Aus einer Liste von Modems kann jetzt das passende ausgewählt werden, z.B. das Hayes Smart Modem.

Im Smart-Terminal-Modus kann der Gast auf die eigenen Diskettenlaufwerke zugreifen, wenn man es nicht verbietet.
Move-it normally allows a remote user to change user areas on the local system. Do you wish to allow remote access to other user areas? Antworten Sie mit yes oder no.

Ausgezeichnet ist das folgende Testprogramm zur Funktionstüchtigkeit der seriellen Schnittstelle. Nach einer ausführlichen Erläuterung kann man es starten. Hierzu muß man die beiden Pins TD und RD (Pin Nr.2 und 3) miteinander verbinden. Nach dem Test wird eine Diagnose ausgegeben.

Nach dem Programmstart meldet sich Move-it mit einer Copyright-Meldung und einem * als Promptzeichen. Der Autor findet diese Art der Bildschirmgestaltung als sehr frustrierend, weil Anfänger hiermit immer auf das Handbuch verwiesen werden. Geübte Benutzer wissen natürlich, daß in solchen Fällen "help" oder "?" zum Ziel führt. Hier ist es das Fragezeichen. Man bekommt eine kurze Liste der erlaubten Befehle mit Erläuterungen (mit deutscher Übersetzung der Erläuterungen). Ein Befehl wird durch ein oder zwei Buchstaben aufgerufen,dem nach einer Leerstelle Parameter folgen können oder müssen. Optionale Parameter stehen in eckigen Klammern [..].

Send FILENAME.TYP [AS DESTNAME.TYP] Datei zum Partner schicken
Get FILENAME.TYP [AS DESTNAME.TYP] Eine Datei empfangen.
LDir [FILENAME.TYP] L steht für "local". Entspricht MS-DOS dir beim eigenen aktuellen Laufwerk.
RDir [FILENAME.TYP] R steht für "remote" (Partner). Entspricht

MS-DOS dir beim aktuellen Laufwerk des Partners.

LUser [**USER NUMBER**] Die eigene Erkennung setzen (mit Parameter) oder senden (ohne Parameter).

RUser [**USER NUMBER**] Die Partner-Erkennung setzen bzw. senden.

Call [**NUMBER**] [**NAME**] Automatischer Anruf im Smart Terminal Mode

Hangup Telefonhörer elektronisch auflegen.

ANswer Answer-Mode (Anruf beantworten).

NOConsole Ausgabe Bildschirm unterbinden.

Binary Binärdatei-Mode setzen (8 Datenbits).

AScii Textdatei-Mode setzen (7 Datenbits).

Message [**MESSAGE TO SEND**] Eine Zeichenkette senden.

TRies Anzahl der Anrufversuche.

TAlk [**FULL**] [**HALF**] [**EVEN**] [**ODD**] [**NOPARITY**] Zur DFÜ-Seite umschalten und Duplex und Parität setzen.

Exit Move-it beenden.

Der wichtigste Befehl an dieser Stelle ist Talk.Hiermit beginnt man die Datenfernübertragung. Bitte nicht vergessen, gegebenenfalls den Duplex-Betrieb umzustellen, damit man überhaupt Zeichen auf den Bildschirm (oder nicht alle doppelt) bekommt.

Auf der DFÜ-Seite bekommt man durch ESCAPE RETURN (kein Hinweis hierauf!) eine Liste von ESCAPE-Sequenzen ausgegeben:

Escape sequence not found. Valid sequences are:

<ESC> <ESC> : Schickt #27 zum Partner.

<ESC> S : Sendet eine Datei zum Partner. Das Programm fragt Filename to send to remote Computer ?

<ESC> G : Empfängt eine Datei vom Partner. Das Programm fragt: Filename to get from remote Computer ?

<ESC> A : Auto LineFeed an/ausschalten. Antwort z.B. [Auto Line Feed is off.]

<ESC> C : Echo an/ausschalten. Antwort z.B. [Remote echo is off.]

<ESC> T : Filetrapping an/ausschalten (Empfangene Daten werden in der Speicher-Datei gespeichert). Antwort z.B.

There is no file open to accept the trapped data. Use <ESC> G to open a file.

<ESC> P : Drucker an/ausschalten. Antwort z.B. [Printer is on.]

<ESC> X : Xon und Xoff-Zeichen ändern. Der Rechner erfragt nun die Zeichen, die das Protokoll bestimmen (siehe auch Xon/Xoff-Protokoll): The current values for XON and XOFF are: XON.. XOFF..

<ESC> E : DFÜ-Seite beenden und zur Kommando-Seite zurückkehren.

Die Speicher-Datei faßt maximal 46 Kbyte.

5.4 Kermit

Kurzübersicht zu Kermit

Menü : Zwei Menüs: Befehle und Status
Protokolle : Protokoll ähnlich XModem-Protokoll
Hilfe-System : keine Hilfen
Erläuterungen : mitgelieferte Hilfe-Datei in englisch.
Hersteller : CUCCA
Preis : In Berlin wurde mir bei Anrufen entsprechender Fachgeschäfte Kermit als kostenlose Zugabe bei Abnahme des Programms PcTalk zu 50,- DM angeboten ....

Nach dem Programmstart meldet sich Kermit mit einer Copyright-Meldung und Kermit-86>? als Promptzeichen. Hierzu wurde schon unter Move-it Unverständnis geäußert. Mit "?" oder "help" bekommt man den Befehlssatz aufgelistet.

```
BYE to host (LOGOUT) and exit to DOS
CONNECT to host on selected port
EXIT to DOS
FINISH running Kermit on the host
HELP by giving this message
LOGOUT the host
RECEIVE file from host
SEND file to host
SET a parameter
STATUS of Kermit
Kermit-86>
```

Befehle werden eingegeben, indem man das ganze Wort schreibt. Mit dem letzten Befehl listet man sich alle gesetzten Parameter auf:

```
Local echo off
VT52 emulation off
```

```
IBM on
Debug mode off
File Warning off
Even parity
Ring bell at end of transfer
End-of-line Character is ^M
Escape character ist Control-] C
Baud Rate is 300
```

Zu allen Befehlen kann man sich in einem geeigneten Editor (z.B. der Turbo-Pascal-Editor) oder mit Hilfe des TYPE-Befehls die Datei KERMIT.HLP anschauen. Sie enthält Erläuterungen zu allen Befehlen.

BYE Verabschiedet Kermit und kehrt zu DOS zurück.Die Verbindung wird getrennt. BYE beinhaltet LOGOUT und EXIT.
CONNECT Startet den DFÜ-Verkehr. Mit Ctrl] C kehrt man zur Kommandoebene zurück.
EXIT Beendet Kermit.
FINISH Trennt den Gast vom Benutzer ohne dessen LOGOUT zu bewirken.
HELP Listet diese Befehle auf.
LOGOUT Trennt die Verbindung zum Partner.
RECEIVE Empfängt eine Datei vom Partner.
SEND Sendet eine oder mehrere Dateien zum Partner
SET Mit diesem Befehl setzt man Übertragungsparameter. SET wird von einer Leerstelle und dann den entsprechenden Parametern gefolgt.

> **BAUD** Wählt die Übertragungsgeschwindigkeit, z.B. SET BAUD 4800. Erlaubte Parameter: 300, 1200, 1800, 2400, 4800 (Standardwert) und 9600.
> **BELL** Nach einem Dateitransfer soll der Lautsprecher einmal ansprechen (Standardwert: an).
> **DEBUG** Debug-Mode an/ausschalten (Standardwert: aus).
> **END-OF-LINE** Filtert RETURN und wandelt RETURN in ein anderes Zeichen im Bereich [0..31] um.

ESCAPE Ändert das Zeichen, mit dem man vom DFÜ-Verkehr zur Kommandoebene zurückkehren kann (Standardwert: Ctrl] C.

FILE-WARNING Wird eine Datei empfangen, deren Name bereits existiert, wird der Benutzer gewarnt (Standardwert aus).

IBM Dieser Schalter sollte nur dann an sein, wenn Dateien zwischen einem PC und einem IBM VM/CMS ausgetauscht werden (Standardwert: aus): Parität und Echo werden geändert.

LOCAL-ECHO Duplex wird gesetzt (Standardwert: aus).

PARITY Die Parität wird gesetzt. Erlaubte Begriffe: EVEN, ODD, MARK, SPACE, und NONE.

VT52-EMULATION VT52-Emulation oder PC "native" mode (Standardwert: an).

STATUS Listet alle Parameter, die mit SET geändert werden können.

Bei Dateitransfer erscheint die Mitteilung

```
                    CUCCA IBM-PC Kermit 86
Number of packets         0 (hex)                   Waiting ...
Number of retries         0 (hex)
File name NEUFILE
```

Es fehlen: Die Einstellung der Schnittstelle, der Stoppbits und die Belegung der Funktionstasten.

5.5 Mite

Kurzübersicht zu Mite

Menü : Zweibildschirmtechnik: Kommando- und DFÜ-Seite Ein Menü und acht Untermenüs auf der Kommandoseite.
Protokolle : Xon/Xoff und XModem,Clink&Crosstalk sowie MITE eigener Multi-file-Transfer.
Funktionstasten: keine Belegung der Funktionstasten, aber freie Belegung der Tasten 1..0 mit ESCAPE; auch mit Befehlssequenzen.
Hilfe-System : Wenn MITE.HLP auf der Diskette durch "?".
Erläuterungen : in englisch.
Steuerung : automatischer Anruf,Hayes Smart Terminal Modem
Hersteller : Mycroft Labs Inc.

Mite ist eines der Programme,in denen man sich durch die Transparenz der Befehle schnell sicher fühlt. Mite arbeitet mit Parameter-Dateien und Speicher-Dateien mit maximal 64 Kbyte Speicherplatz. Beim Start des Programms erscheint sofort das Hauptmenü:

```
MITE v.2.... - Copyright (c) ... Mycroft Labs. Inc
OFFLINE. Bytes Captured =        0/65520, Capture = Off.
Site ID = Dies ist meine Identitätsnummer.

MAIN MENU
G - Go Start Communications
H - Hangup Phone
I - Enter Site ID
L - Load Parameters from Disk File
S - Save Parameters on Disk File

Sub-Menus:
P - Parameter             O - Option
U - Text File Upload      D - Text File Download
B - Binary File Xfer      M - Macro Definition
C - Command Processor     F - Character Filter
```

```
T - Special Features
X - Exit to Operating System
Enter option (? for help):
```

Die Vorteile einer solchen Strukturierung sind:

1. Eintasten-Bedienung
2. Es existiert höchstens ein Untermenü.
3. Man beendet alle Menüs mit dem gleichen Zeichen (x).
4. Zweibildschirmtechnik für Kommandos und DFÜ. Auch auf der DFÜ-Seite können noch lokale Befehle abgeschickt werden.

Die Befehle sind so klar beschrieben, daß man sofort einsteigen kann. Will man nicht mit "L" seine eigenen Parameter laden, so beginnt man mit den Standardwerten.Man sollte jedoch nicht vergessen, vor dem Befehl "Go" sich im OPTIONS MENU den Escape Trigger Char anzuschauen, mit dem man die DFÜ-Seite wieder verläßt.Es wäre wünschenswert gewesen, dieses Zeichen auf der DFÜ-Seite auszugeben. Wer keine ID (Identity) benötigt, kann sich dort den Befehl hinschreiben, denn der ID-String wird auf der DFÜ-Seite angezeigt. Betrachten wir die neun Untermenüs:

Aufruf P: PARAMETER MENU

```
B - Baud Rate             = 300
D - Data Bits             = 7
P - Parity                = EVEN
S - Stop-Bits             = 1
R - Role (ANS/ORG)        = ORG
E - Entry Password        =
M - Mode (Duplex)         = FULL
A - Auto Redial Count     = 0
N - Phone Number          =
I = Modem Init String     =
H - Dial Prefix           =
X - Exit to Main Menu
Enter option (? for help):
```

Die Eingaben erfolgen unterschiedlich.Die Übertragungsgeschwindigkeit muß als Zahlenwert (75 bis 9600) eingegeben werden. Bei einer fehlerhafter Eingabe erfolgt die Meldung "illegal value". Die Parameter D bis M ändern sich beim Drücken der entsprechenden Taste und durchlaufen die erlaubten Werte (Datenbits 7 und 8; Parität EVEN, ODD und NONE; Stoppbits 1 und 2; Role ORG und ANS; Mode FULL und HALF). Die übrigen Werte werden als Strings eingegeben.

Aufruf U: TEXT FILE UPLOAD MENU

```
U - Upload Textfile
D - Interchar. Delay      = 000
E - Await Char. Echo      = OFF
H - CR/LF Handshaking     = ON
T - Turnaround Char.      = 00H = ^@
G - Garbage Char. Count   = 000
S - Strip Control Chars   = ON
X - Exit to Main Menu
Enter Option (? for help):
```

Wenn ein Textfile gesendet werden soll, muß er mit "U" geladen werden. Es kann nun eine zeitliche Pause (D - Delay) zwischen 2 gesendeten Zeichen eingelegt werden und RETURN durch ein "Turnaround"-Zeichen ersetzt werden. Das Unterdrücken von Kontrollzeichen gehört zum Standard dieses Programms.Sie werden jeweils aufgefordert, ein Zeichen oder den ASCII-Code eines Zeichens einzugeben.

Aufruf B: BINARY FILE TRANSFER MENU

```
P - Protocol                = XMODEM
C - CRC option (XMODEM)     = OFF
S - Send File and Return to Link
X - Exit to Main Menu
Enter option:
```

Mite stellt verschiedene Protokolle zur Verfügung. Mit "P" können Sie diese auswählen:

```
X - XModem (single)              B - XModem/B (Batch)
C - Clink&Crosstalk              H - Hayes (Smartcom)
I - IBMPC Async                  M - MITE Multi-file
T - Text (mainframe)
Enter new protocol code or CR for no change:
```

Durch Eingabe von RETURN bleiben Sie bei Ihrer alten Wahl. Mite läßt bei den Protokollen nichts zu wünschen übrig....

Aufruf C: SYSTEM COMMAND PROCESSOR

Enter command, HELP or ? or details: ?

Geben Sie bitte DOS-Befehle wie "dir" ein. Falls Sie das Hilfe-System in Anspruch nehmen wollen und dies befindet sich nicht auf der Diskette, so erhalten Sie die Mitteilung:

For the interactive help feature to work, MITE.HLP must be on a disk in drive A-E. - Press any key to continue -

Aufruf T: SPECIAL FEATURES MENU

```
C - Comm Port                 = 1
B - Port Base Address         = 03F8H
V - Interrupt Vector Address  = 0030H
N - Normal Foreground Color   = 7
M - Normal Background Color   = 0
H - Hi-Lite Foreground Color  = F
I - Hi-Lite Background Color  = 0
X - Exit to Main Menu
Enter option (? for help):
```

Bei Tastendruck durchläuft das Programm die jeweiligen gültigen Parameter, hier zur Wahl der seriellen Schnittstelle. COM1: bis COM3: können konfiguriert werden. Um die Punkte "B" und "V" muß man sich nicht kümmern.Es sind normalerweise nur Informationen. Bei den Farben wird eine Farbliste mit 16 Farben, die von 0 bis 9 und A bis F durchnumeriert sind, eingeblendet. Auch hier verändert RETURN nichts.

Aufruf O: OPTIONS MENU

```
E - Escape Trigger Char  = 0AH = ^J
M - Macro Trigger Char   = 1BH = ^] (ESC)
B - Break Trigger Char   = 02H = ^B
K - Command Trigger Char = 0BH = ^K
R - Remote Trigger Char  = 12H = ^R
C - Caps Lock            = OFF
L - Auto LF after CR     = OFF
T - TWX Mode             = OFF
D - Direct Connect Mode  = OFF
Q - Expand Tabs to CON   = ON
X - Exit to Main Menu
Enter option (? for help):
```

Hier können Sie die Tasten angeben, mit denen Sie auf der DFÜ-Seite Funktionen ausüben.
Der "Escape Trigger Code" ist der Wert der Taste, mit dem Sie von der DFÜ-Seite zur Kommando-Seite umschalten. Entsprechend dem Programm "Verbindung" schlägt der Autor die TAB-Taste vor.
Mit dem "Macro Trigger" leiten Sie den Aufruf der frei belegbaren Tasten 1 bis 0 ein. Es wird empfohlen, ESCAPE zu belassen. Mit ESCAPE 2 rufen Sie also den Text auf, der unter der Taste 2 abgespeichert wurde (Belegung der Tasten siehe Macro String Definition Menu). Mit der "Command Trigger"-Taste können Sie auf der DFÜ-Seite locale Befehle wie "dir" aufrufen.

Aufruf D:TEXT FILE DOWNLOAD MENU

```
C - Capture Mode         = OFF
I - Capture Indicator    = ON
A - Append Captured DATA
W - Write Captured Data
R - Reset Capture Buffer
P - Printer Echo         = OFF
T - Type Capture Buffer
F - Flow-Controll        = ON
Q - Flow Start Char      = 11H = ^Q
```

```
S - Flow Stop Char        = 13H = ^S
X - Exit to Main Menu
Enter option (? for help):
```

"Capture" bestimmt, ob ein- und ausgehende Zeichen gespeichert werden sollen. Die Speicher-Datei kann gesichert werden, indem eine bereits vorhandene Datei überschrieben wird oder der neue Text angehängt wird. Der Drucker kann mitlaufen. Die Speicher-Datei kann auch auf dem Bildschirm gezeigt werden.Die Parameter "C", "I" und "P" werden einfach durch Druck dieser Tasten geändert. Bei "A" bis "R" und "T" werden die Funktionen direkt ausgelöst.Die letzten drei Befehle steuern das Xon/Xoff-Protokoll. Die Speicher-Datei kann maximal 64 Kbyte fassen.

Aufruf M: MACRO STRING DEFINITION MENU

```
0 : ^Kdir ^M
1 : Dies ist die Belegung der Funktionstaste F1.
2 :
3 :
4 :
5 :
6 :
7 :
8 :
9 :
X - Exit to Main Menu
Enter option (? for help):
```

In diesem Menü können Sie die Tasten 1 bis 0 frei programmieren. Tippen Sie die Taste 2. Es erscheint die Meldung Enter New Macro String:. Sie können nun einen maximal 60 Zeichen langen Text eingeben. Sie dürfen keine Umlaute benutzen. Die Zeichenkette kann auch Befehle enthalten (siehe Taste 0). Sie beginnen mit dem "Command Trigger Char"(hier ^K) und enden nach Wahl mit ^M für RETURN.

Aufruf F: UNWANTED CHARACTER FILTER DEFINITION MENU

```
0 : 03H = ^C
1 : 0AH = ^J
2 : 00H = ^H
3 : 00H = ^A
4 : 00H = ^B
5 : 00H = ^D
6 : 00H = ^E
7 : 00H = ^F
8 : 00H = ^@
9 : 00H = ^@
```

Dieses Filter eliminiert Zeichen, wandelt sie also nicht um.

Auch dieser Programmierer hält etwas auf sich. Wenn Sie das Programm verlassen wollen, werden Sie gefragt:
Are you sure (Y/N)? und gegebenenfalls danach
Warning ... Carrier still present. Hangup (Y/N)?
Antworten Sie nie mit "Nein", der Programmierer hat das nicht gerne...

5.6 Sidetalk

Kurzübersicht zu Sidetalk

Menü : Zweibildschirmtechnik: Hilfe- und DFÜ-Seite. Ein Menü mit mehreren Untermenüs auf der Hilfeseite. Nach Wahl "resident" in RAM oder nicht.
Protokolle : XModem
Handbuch : leicht verständlich in englisch.
Funktionstasten: freie Belegung der Funktionstasten
Hilfe-System :
Erläuterungen : in englisch.
Steuerung : automatischer Anruf,Hayes Smart Terminal Modem SCL-Kommandosprache
Hersteller : MagicSoft; veröffentlicht von Lattice Inc.
Preis : ca. 260,- DM

Sidetalk ist ein perfektes Terminalprogramm der neuesten Generation von MagicSoft. Es kann einerseits wie ein normales Programm geladen und abgearbeitet werden.Es kann andererseits aber auch "resident in RAM" als Hintergrundprogramm gehalten werden, so daß es auf einen Zweitastendruck sofort zur Verfügung steht, gleichgültig ob Sie sich im Betriebssystem oder in einem beliebigen Anwenderprogramm befinden. Solche "residenten" Programme werden als Hintergrundprogramme bezeichnet und sind uns bereits von "Sidekick", "Superkey", "1Dir", den Maustreibern und vielen anderen mehr bekannt. Ihr einziger Nachteil ist (das hängt von der Kombination ab) ihre mangelnde Kompatibilität untereinander und der verbrauchte Speicherplatz.Ansonsten macht es eine Freude, mit "residenten" Programmen zu arbeiten.

Sidetalk meldet sich mit dem Hauptmenü:

```
                    SideTalk
     SideTalk (C) Copyright Magicsoft 1985, 1986
               Published by Lattice Inc.
               Shift-Alt to exit SideTalk
```

```
Alt-C Enter Command-Mode           Alt-H Terminal Help(This Screen)
Alt-R Edit Last Ent. Command       Alt-D Disconnect Modem (Hangup)
Alt-E Toggle Local Echo On/Off     Alt-P Toggle Printer On/Off
Alt-Z Send a Break Condition       Alt-S Toggle Termin. Save On/Off
Alt-W Execute Defined Window       Alt-X Exit (Non-Background Only)

Ctrl-Home Clears the Screen        F1-F10 Programmable Function Key
Ready
Off Line      COM1:1200,E,7,2      Printer^      Save^      Echo^
```

Sidetalk enthält mehrere DFÜ-Programme, die recht komplex aufgebaut sind und alle möglichen Problembereiche abdecken. Sidetalk enthält eine eigene eingebaute Sprache "SCL", mit der beliebige Kommandos kombiniert werden können. In Verbindung mit einem Modem (noch besser einem Hayes Modem) kann eine Mailbox betrieben werden. Sidetalk ist zu komplex, um es hier im Detail beschreiben zu können.

6 Mailboxen

Mailboxen sind elektronische Briefkästen. Sie haben - besonders in den USA - in den letzten Jahren einen großen Aufschwung erlebt.Kein Computer-Club, der etwas auf sich hält, der nicht eine Mailbox betreibt.

6.1 Einrichtung einer Mailbox

Mailboxen sind nicht genehmigungspflichtig. Wer bei den Datenendgeräten (siehe Kapitel 3 Modems) die Bestimmungen der Bundespost einhält, kann eine Mailbox betreiben. Zum Betrieb benötigt man

- entsprechende Hardware und
- ein geeignetes Terminalprogramm, wie es im vorhergehenden Abschnitt beschrieben wurde.

Das eigentliche Problem liegt in der Hardware, sofern man kein von der Post zugelassenes oder ein Hayes-kompatibles Modem besitzt.In diesem Fall verfügt es über eine Auto-Answer-Funktion, die das Beantworten eines Anrufs automatisch durchführt. Besitzen Sie jedoch nur einen Akustik-Koppler, so können Sie folgendermaßen vorgehen. Sie benötigen in jedem Fall eine eigene Telefonnummer (Ihre Freundin wird es nicht begrüßen, bei einem Anruf angepfiffen zu werden).

Der Telefonhörer befindet sich dauernd in den Muscheln des Akustik-Kopplers. Die Gabel wird durch ein passendes Gewichtsstück runtergedrückt.Sie befestigen das Gewicht über eine Umlenkrolle an einem kräftigen Zugmagneten (220 V ≈). Dieser wird über ein Relais gesteuert.

Klingelt das Telefon, so schaltet sich über ein Mikrofon ein Abschaltverzögerungsglied mit einer Verzögerung von ca. 30-60 s ein. Das Relais wird danach gleichzeitig über einen Treiber vom DCD (Data Carrier Detected)-Signal des Akustik-Kopplers gehalten. Die Verbindung bleibt somit mindestens 60 s oder so lange erhalten, wie der Anrufer ein Trägersignal sendet. Dieser "Galgen" ist zwar nicht 100%-ig legal, wird jedoch von der Post geduldet. Die einzige Verbindung mit dem Telefon ist schließlich nur ein kleines Gewicht. Hierüber steht nichts in den Postbestimmungen. Kommen Sie nicht auf die Idee, das Abheben des Telefonhörers selbst durch ein Relais zu ersetzen. Das ist nicht erlaubt.

An Software gibt es neben den DFÜ-Programmen des vorhergehenden Abschnittes ein umfangreiches Angebot im "Public Domain"- oder "Freeware"-Bereich. Studieren Sie entsprechende Anzeigen in den Fachzeitschriften.

6.2 Betrieb einer eigenen Mailbox

Betreiben Sie Ihre Mailbox mit 300 Baud bei 8 Datenbits, einem Stoppbit und keiner Parität mit Vollduplex, also im 300 8 N 1 - Modus. Die Übertragungsgeschwindigkeit sollte auf keinen Fall höher als 1200 Baud liegen. Die angegebenen Parameterwerte sind weit verbreitet. Schützen Sie Ihre Mailbox vor Vandalismus. Die oben vorgestellten Programme lassen die Anrufer nur in bestimmten Bereichen Ihres Computers "wildern". Ihre Anrufer erwarten natürlich ein gutes Angebot. Entweder können Sie eine Datei als Mitteilungstafel einrichten, die jeder lesen und (durch Anhängen) beschreiben aber nicht löschen kann, oder Sie bieten eigene Programme an, die sich jeder überspielen kann. Normalerweise wird Ihr eigenes Angebot nicht so umfangreich sein (Sie dürfen selbstverständlich keine fremden Programme anbieten.). Es gibt zwei Lösungen:

- Zapfen Sie legal andere Mailboxen an und übernehmen Sie Teile aus deren Angeboten. Ich bin sicher, daß sich hier Gleichgesinnte unterstützen.
- Der Chaos Computer Club in Bremen bietet allen Mailboxbetrei-

bern ein Informationssystem an,aus dem man entsprechende Hinweise und Programme beziehen kann (Zu erreichen über Datex-P).

Bei langen Gesprächen kann es für den Benutzer billiger werden, wenn er Ihre Mailbox über Datex-P erreichen kann (siehe auch den Abschnitt Datex-P).

Sie können den Benutzerkreis einschränken, indem Sie Paßwörter oder IDs ausgeben. So schützen Sie sich vor unerwünschter Kundschaft.Die vorgestellten Terminalprogramme unterstützen Paßwörter und IDs. Es ist auch sinnvoll, Zugangsberechtigungen nach verschiedenen Niveaus zu verteilen, so daß Anfänger und Neulinge nur die Mitteilungen lesen können.

Beachten Sie als Betreiber einer Mailbox folgende Sicherheitsregeln:

- Machen Sie mindestens einmal täglich ein Backup der Disketten oder der Festplatte.
- Lassen Sie einen Drucker zur Protokollerfassung mitlaufen.

6.3 Mailbox-Telefonnummern

Bei allen Mailboxen muß ein Protokoll beachtet werden. Das am weitesten verbreitete lautet 300 Baud, 8 Datenbits, keine Parität und 1 Stoppbit. Oft wird ein "Timeout" von 60 s eingebaut. Nach dieser Zeit wird die Verbindung unterbrochen,wenn kein $\overline{\text{DCD}}$ entdeckt wird. Beachten Sie auch Abschlußzeichen (RETURN, Line-Feed, Ctrl C oder ähnliches). Die folgenden Mailbox-Telefonnummern wurden diversen einschlägigen Zeitschriften entnommen und vom Autor nicht getestet (nach Vorwahlnummern sortiert).

Radio Schossau	02 01/23 73 96	Computer C.	02 20 2/50 03 3
Wuppertal Box	02 02/44 12 36	Saturn	02 21/16 16 28 4
W.M.S.	02 02/44 82 04	WDR	02 21/37 10 76
Vollrath	02 09/27 16 66	Mailbox D.	02 31/17 04 14

EDV	02 11/32 82 49	IBM 370	02 31/75 52 54 1
Software Expreß	02 11/41 45 79	Mythos	02 31/77 96 20
Epson	02 11/59 34 53	Kobra	02 33 1/16 40 1
Möllenbeck	02 15 1/20 13 0	Sharp	02 38 3/50 86 6
awischa	02 15 1/77 92 43	TU Aachen	02 41/81 08 1
C64-Box	02 15 1/80 13 39	Esprit	02 84 1/66 24 1
Symic	02 16 1/20 09 28		
TIC Berlin	03 0/71 15 07 8	TU Berlin	03 0/31 47 30
Mailbox Berlin	03 0/30 52 63 5		
Uni Hamburg	04 0/ 41 23 30 98	Wang	04 10 1/23 78 9
MCS	04 0/65 23 48 6	Uni Kiel	04 32/88 04 55 6
CompuMail	04 0/51 18 53 1	NCS	04 34 8/75 13
Taunus	06 08 1/96 77	AUGE Apple	06 9/49 42 91
Otis	06 18 1/48 88 4	Tecos	06 9/81 67 87
Saarland Box	06 82 6/22 34		
Elias	07 03 1/27 82 96	Pluto	07 11/51 90 08
Tedas	08 9/59 64 22	Info Contr.	08 9/13 25 35
Tedas	08 9/59 84 23	Cyper	08 9/28 03 10
Smurf	09 11/57 41 80		

6.4 Mailboxen über Datex-P

Verein zur Förderung der Telekommunikation e.V., Postfach 68 08 D 4000 Düsseldorf 1
Der Verein ist eng mit der Mailbox IMCA, Solmser Str. 16,D 6419 Haunetal verbunden. Datex-P-Nummer 45 66 73 30 07 0

RMI Net, Postfach 15 26, D 5100 Aachen,
Datex-P-Nummer 45 24 10 90 52 8

Telebox, Postfach 50 00, D 6100 Darmstadt,
Datex-P-Nummer 45 62 10 40 00 0

Com.Box, Postfach 12 73 33, D 1000 Berlin 12,
Datex-P-Nummer 45 30 00 40 50 9

Mailbox in den USA

The Source	Datex-P-Nummer 03 11 03 01 00 03 8
Washington Post	Datex-P-Nummer 03 10 60 05 84 40 1
Delphi	Datex-P-Nummer 03 12 56 17 03 08 8

7 Hotlines

Hotlines sind telefonische Beschwerdestellen diverser Firmen, meistens von Computerherstellern oder -vertreibern und Software-Häusern. Diese Telefonleitungen leiden meistens darunter, daß sie (vom Betreiber) nicht besetzt sind oder immer besetzt sind (von den Benutzern fehlerhafter Geräte oder Programme).

Firma	**Telefonnummer**	**Bemerkungen**
Acorn	08 9/41 67 21 1	-
Apple	01 30/44 22	8-20 Uhr tägl. zum Ortstarif
Apricot	07 11/81 30 01	-
Atari	04 0/51 00 91	-
Commodore	06 9/66 38 21 1	-
Digital Equ.	08 9/95 91 95	8:30-17:15 Uhr
Epson	02 11/59 34 53	als Mailbox eingerichtet.
HP	06 17 2/40 06 00	-
IBM	01 30/45 67	-
NCR	08 21/40 58 36 6	8-17 Uhr
Sanyo	08 9/23 79 26 3	-
Schneider	08 24 5/51 11 7	-
Sharp	04 0/23 77 53 07	-
TI	08 16 1/80 0	-

8 Datex-P

Datex-P ist ein Informationssystem der Deutschen Bundespost mit eigenem Telefonnetz. P steht für Paketvermittlung, d.h.,die Daten werden in Pakete (Blöcke) aufgeteilt und verschickt.

Es gibt zwei Möglichkeiten, am Datex-P-Informationssystem teilzunehmen:

- durch den indirekten Zugang über ein Modem oder Akustik-Koppler und dem normalen Telefonnetz. Dieses System heißt Datex-P 20 oder bei einem Hauptanschluß Datex-P 20 H. Das Datenendgerät und der Akustik-Koppler müssen eine FTZ-Nummer besitzen. Der Datex-P-H-Anschluß kostet bei 300 Baud-Übertragungsgeschwindigkeit 200,- DM Anschlußgebühr und 140,- DM monatliche Gebühr, bei 1200 Baud 400,- DM für den Anschluß und 180,- DM/Monat. Zusätzlich muß man bei Benutzung 6 Pfg/Minute für die Dienste des nächsten "PAD"-Knotenpunktes bezahlen (s. unten).
- durch den direkten Zugang über Zusatzeinrichtungen der Post. Dieses System heißt Datex-P 10 H. Es arbeitet mit 1200 Baud bis 48000 Baud und ist sicherer in der Übertragung.Die Gebühr beträgt 400,-DM für den Anschluß und je nach Übertragungsrate 250,- bis 2500,- DM/Monat (Preise Stand 1986). Außerdem benötigt der Anwender einen Vorrechner (der kostet alleine einige Tausend DM!). Dafür spart er jedoch die 6 Pfg für den "PAD"-Knotenpunkt, weil der Vorrechner dies bewirkt. Da noch nicht in allen Städten "PAD"-Knotenpunkte eingerichtet sind, bietet sich diese Methode auf jeden Fall für ländliche Gebiete an.Im Datex-P-10-H-Dienst benötigen alle Komponenten die Zustimmung der Bundespost - einschließlich der Software.

In beiden Fällen wird dem Benutzer (beim Hauptanschluß) eine Datex-Telefonnummer NUA und eine Benutzerkennung (Paßwort) NUI zugewiesen. Die Benutzergebühr beträgt für die NUI 15 DM/Monat. Die Benutzung des Datex-P-Netzes kostet 35 Pfg/Minute und ist entfernungsunabhängig in der Bundesrepublik. Deshalb kann Datex billiger als ein Telefonanruf werden.Die abgeschickte Botschaft wird am nächsten "PAD"-Knotenpunkt in 128-Byte-Blöcke zerlegt und auf allen möglichen Wegen zum Empfänger geschickt. Diese Knotenpunkte bestehen aus Vorrechnern und existieren leider nur in größeren Städten. Ansonsten muß man sich diesen Vorrechner selber anschaffen - zu "postalischen" Preisen. Hierher hat das Datex-P-Netz seinen Namen - weil die Daten als Pakete (Blöcke) verschickt werden. Es existiert erst seit 1977, während Datex-L bereits 10 Jahre älter ist.

Anwender ohne Vorrechner schicken ihre Daten mit geringer Übertragungsgeschwindigkeit (300 bis 1200 bit/s) an den "PAD"-Knotenpunkt (Packet Assembly/Disassembly Facility (Anpassungsstelle)).Im allgemeinen sind das einzelne, ungebündelte Zeichen.Der PAD-Rechner bündelt die Einzelzeichen und schickt sie zur Datenvermittlungsstelle "DVST-P".Anwender mit Vorrechner schicken ihre Daten direkt zur DVST mit 4800 bit/s. Diese Vermittlungsstelle sucht nun den günstigsten Übermittlungsweg für die einzelnen Datenpakete. Die Übertragung erfolgt mit 64000 bit/s.Der Empfänger ist eine andere DVST, die das Bündel an die Endeinrichtung weitergibt. Auf dem Übertragungsweg werden die Datenbündel zeitlich verschachtelt (Multiplexverfahren). Sie können in den DVST kurz zwischengespeichert und mit der Übertragungsgeschwindigkeit angepaßt werden. So entstehen einheitliche Protokolle. Diese Verbindungen über mehrere Teilstrecken mit u.U. unterschiedlichen Protokollen heißen virtuelle Verbindungen,denen logische Kanalnummern zugeordnet werden. Hierdurch ist das Datex-P-Netz im höchsten Maße anpassungsfähig. Ein physikalischer Anschluß kann maximal 255 virtuelle Verbindungen gleichzeitig betreiben! Es gibt allerdings auch feste virtuelle Verbindungen (Standleitung). Ebenso können bis 30 Anschlüsse über einen Sammelanschluß erreicht werden.

Die Protokolle werden nach der ISO und CCITT in sieben Ebenen hierarchisiert. Die unteren drei Ebenen werden durch die X.25-

CCITT-Empfehlung genormt. Sie bestimmt die Übertragung im Netz (Datex-P 10).Datex-P 20 hingegen stützt sich auf die Empfehlungen X.3, X.28 und X.29. Die Protokolle heißen P10 bzw. P20A und P20B. Sie sollen eine Fehlerrate von weniger als einem falschen Bit auf 1 000 000 000 übertragene Bits ermöglichen.

Die Post bietet eigene Modems für den Datex-P-Dienst an.

AGT300-01: Datex-P 20, 300 Bit/s, X.20, X.20bis-Schnittstelle
DAGT9600UE: Datex-P 20, 1200 Bit/s,V.24-Schnittstelle (X.21bis)
DFGT9600UE-2: Datenfernschaltgerät,X.21-Schnittstelle

Weitere Auskünfte über Datex-P kann man dem Datex-P-Handbuch entnehmen. Man bekommt es gegen eine Gebühr bei der Bundespost. Kostenlos bekommt man die Broschüre "Datexdienst mit Paketvermittlung Datex-P" Bestell-Nr. 93 bei folgenden Fernmeldeämtern:

Fernmeldeämter für Datex-P 20-Zulassungen:

Essen	02 01/78 70 51	Bielefeld	05 21/59 01 1
Düsseldorf	02 11/32 93 18	Mannheim	06 21/39 93 1
Köln	02 21/29 11	Saarbrücken	06 81/81 00 11
Dortmund	02 31/57 01 1	Frankfurt	06 9/20 28 1
Berlin	03 0/24 00 1	Stuttgart	07 11/29 91 71
Hamburg	04 0/44 12 31	Karlsruhe	07 21/60 24 1
Bremen	04 21/31 01 31	München	08 9/22 87 30
Hannover	05 11/32 66 51	Augsburg	08 21/46 40 11
		Nürnberg	09 11/20 57 1

Ab 1987 ändert sich im Datex-P-Dienst die Kostenstruktur. Der Fernruf bei weit entfernten PAD-Knotenpunkten entfällt. Es gilt ein einheitlicher entfernungsunabhängiger Anruf. Eine Einheit dauert dann tagsüber 50 s und nachts 75 s. Nur die übermittelte Datenmenge kostet Geld (1 Segment entspricht maximal 64 Bytes):

Datenmenge	8-18 Uhr;	6-8 und 18-22 Uhr;	22-6 Uhr
die ersten 200 000 Segmente	33	18	9 Pfg
alle weiteren Segmente	20	12	6 Pfg.

9 Netzwerke

9.1 LAN - Local Area Networks

Lokale Netze verbinden Endgeräte privater EDV-Anlagen, ohne die Grundstückgrenzen zu überschreiten. In den meisten Unternehmen können mit LAN 80% des betrieblichen Datenaustausches abgedeckt werden. Auf Grund der geringen Entfernungen können hohe Übertragungsraten bis 10 Mbit/s realisiert werden. Einzelplatzrechner ohne Verbund zu anderen Rechnern sind in bestimmten Anwendungsbereichen sinnvoll, oft jedoch nicht effektiv,

- wenn auf firmeninterne Datenbanken zurückgegriffen wird,
- oder Ergebnisse in andere Bereiche übertragen werden müssen.
- wenn bestimmte Geräte (Drucker, Plotter, Festplatten) für die Einzelplatzrechner alleine zu teuer sind.
- wenn in Schulen und an Ausbildungsplätzen Programme an mehreren Bildschirmen zentral gesteuert werden sollen.
- wenn rechenintensive Programme den Einzelplatzrechner überfordern.
- wenn, wie bei CAD- oder CIM-Anwendungen kooperative Arbeiten geleistet werden müssen.

Es sollen jedoch auch etwaige Nachteile nicht verschwiegen werden:

- Wartezeiten bei externen Geräten (Drucker, Plotter).
- Mangelnde Übersicht des einzelnen Sachbearbeiters.In den verzweigten Netzen muß er genaue Kenntnisse darüber haben, wo er welche Daten unter welchen Bedingungen bekommen kann.
- Unerlaubte Zugriffe von externen Geräten auf zentrale Informationen (Computerkriminalität, Betriebsspionage).
- Zusammenbruch des Systems bei zentralen Fehlern.

Hieraus ergibt sich, daß an die Sicherheit und die Verfügbarkeit des Systems bzw. der Daten hohe Anforderungen zu stellen

sind. Der Durchbruch lokaler Netzwerke wird von einer Standardisierung der Komponenten abhängen. Dies bedingt
- problemlosen Zugriff durch alle Bausteine.
- rasche Fehlererkennung und Beseitigung.
- doppelte Auslegung zentraler Geräte.
- Transparenz des Systems und der Daten. Nicht der Benutzer, sondern das System muß wissen, wo Daten gespeichert sind und wie auf sie zugegriffen werden kann. Vorbedingungen sind kompatible Geräte, gleiche Betriebssysteme und Datenstrukturen.

Arbeitsplatzstationen (workstations) sollten nach einem Schichtenmodell der ISO (International Organization for Standardization) konzipiert sein. Hierzu gehören auch das Telefon und das Teletex-System (siehe auch WAN). Auch das ISDN-Netz (Integrated Services Digital Network) spielt bei LAN-Anwendungen bereits eine Rolle.

Weitere Aspekte, die bei der Einrichtung lokaler Netzwerke beachtet werden sollten:
- Problemlose Erweiterung des Netzes muß gewährleistet sein.
- Bilder, Graphiken und Sprache sollten übertragbar sein.
- Meßwerterfassung im Echtzeitbetrieb muß gegebenenfalls möglich sein.
- Der Zugang zu externen Datenbanken sollte von jedem Terminal möglich sein.

Die theoretischen Überlegungen zur Vernetzung werden als Netztopologie bezeichnet. Es gibt zwei wichtige Netztopologien:
- die Busform und
- die Ringform.

Die Bustopologie

Die Endgeräte sind alle über einen gemeinsamen Datenbus verbunden. Es gibt immer einen Anfangs- (Sende-) und einen Endpunkt (Empfangspunkt). Der Sender überprüft den Datenbus auf Signale.

Ist der Bus aktiv, wartet er. Deshalb kann nicht vorhergesehen werden,wie lang die maximale Wartezeit sein wird. Beginnen zwei Geräte gleichzeitig mit dem Senden,so wird die Sendung abgebrochen.Dieses Zugriffsverfahren heißt CSMA/CD (Carrier Sense Multiple Access with Collision Detection), weil Kollisionen offensichtlich in Kauf genommen werden.

Die Ringtopologie

Bekannt geworden ist das IBM-Token-Ring-Protokoll. Die Daten werden immer in eine Richtung von einem Gerät zum anderen im Kreis weitergeschoben, bis sie am Empfänger ankommen. Der Indikator zur Steuerung heißt "Token" und wird ständig auf dem Ring weitergereicht. Die Daten werden an diesen "Token" angehängt. Der Empfänger löscht nun diesen "Token" nicht,sondern hängt ein Quittierungssignal an die Daten. Erst der Sender selbst löscht alle drei Signale. Die Daten laufen somit jedesmal einmal ganz um den Ring. Jeweils ein Teilnehmer darf nur senden.Deshalb ist die Ringtopologie kollisionsfrei,und die maximale Wartezeit ist leicht zu berechnen.

Bei geringem Datenverkehr ist die Bustopologie effizienter. Die Ringtopologie ist etwas langsamer, dafür aber auch sicherer.

9.2 WAN - Wide Area Networks

Die Netze im öffentlichen Bereich werden als Wide Area Networks (WAN) bezeichnet.Sie können nur erheblich geringere Datenflüsse realisieren (48 kbit/s).Zwischen WAN und LAN wird normalerweise ein "Gateway", eine intelligente Schnittstelle (also ein Rechner) geschaltet. Ein Beispiel hierzu ist der "PAD"-Knotenpunkt des Datex-P-Netzes. Der Vorteil der intelligenten Schnittstelle liegt darin, daß der Benutzer sich nicht um unterschiedliche Übertragungsparameter zu kümmern braucht.

Netze, die die Grundstücksgrenzen überschreiten,unterliegen der

Deutschen Bundespost. Sie setzt ihr Telefonnetz und hiervon getrennte Netze ein.Bereits 1933 wurde das Teletexnetz aufgebaut. 1967 folgte das Datex-L-Netz und 1977 Datex-P. In allen Netzen lassen die Teilnehmerzahlen zu wünschen übrig. Diese Netze sind voneinander getrennt und verarbeiten auch unterschiedliche Signale (analoge und digitale). Das "Integrated Services Digital Network" ISDN soll die unterschiedlichen Netze miteinander verbinden und das einheitliche Kommunikationsnetz für die nächsten Jahrzehnte bilden. Hierzu gehören

- eine einheitliche Nummer
- standardisierte Endgeräte
- standardisierte Schnittstellen.

Der Telefonapparat wird also weit mehr können als heute.

Das Schmalband-ISDN mit 64 kbit/s wird in der Zukunft dem Breitband-ISDN für Fernsehbilder weichen. Neben der weitaus höheren Übertragungsgeschwindigkeit werden verlustarme, wenn nicht fast dämpfungsfreie Datenträger erforderlich sein. Viele halten deshalb die Verkabelung der Republik mit Kupfer-Koaxialkabel für weggeworfenes Geld. Glasfaserkabel sind den Koaxialkabeln weit überlegen. Eine langfristige Planung hätte manche Verluste vermieden.

9.3 Lichtwellenleiter

Der Vorteil der Glasfaser liegt in der physikalischen Eigenschaft, durch kontinuierliche Veränderung des Brechungsindex n von innen nach außen eine Totalreflexion mit sehr geringer Absorption zu ermöglichen. Weil Licht eine viel höhere Frequenz als akustische Töne oder Radiowellen hat, können in einem bestimmten Frequenzbereich mehr Übertragungskanäle eingerichtet werden als bei herkömmlichen Koaxialkabeln. Glasfaser sind genormt (VDE 0888 und CCITT G 651) und können die klassischen Kabel problemlos ersetzen. Der optische Kerndurchmesser beträgt 50 µm, der Außendurchmesser 125 µm. Weitere Vorteile sind

- Einstreufestigkeit gegen elektrische und magnetische Felder
- hohe Übertragungsraten im GBaud-Bereich

- geringe Dämpfung. Erst alle zwei Kilometer muß ein Verstärker eingebaut werden (nach 15 km fällt die Leistung auf die Hälfte ab; Koaxialkabel: einige hundert Meter)
- potentialfreie Übertragung
- 0,1 mm dünne Fasern von mehreren Kilometern Länge können heute bereits gezogen werden
- robuste Konstruktions- und Verlegungsweise
- die elektrooptische Wandlertechnik ist ausgereift
- Übergänge zu Koaxialkabelnetzen bei Leitungsendgeräten sind unproblematisch.

Der einzige Nachteil liegt im zu hohen Preis, obwohl der Grundstoff in Massen vorhanden ist. Inzwischen umspannen die Glasfasern der Post zweimal den Äquator. Das breitbandige Kommunikationsnetz der Bundespost läuft unter der Bezeichnung BIGFON.

9.4 Datenbanken

Der Zugriff auf Datenbanken bekommt eine immer größere wirtschaftliche Bedeutung. Die Informationsflut wächst exponentiell an, und kein Mensch kann mehr den gesamten Wissensstand beherrschen. Wissen veraltet und unterliegt stetiger Veränderung. Up-to-date im Wissen sein bedeutet, einen Vorsprung zu haben. Datenbanken sind nichts anderes als maschinenlesbare Fassungen von Büchern. Ihr Vorteil gegenüber Büchern liegt
- darin, daß keine Lagerhaltung erforderlich ist
- in der dauernden Verfügbarkeit,auch an Feiertagen und nachts
- in ihrer Aktualität
- in den verschiedensten Suchkriterien
- in ihrer Sprachunabhängigkeit.

Durch Datenbanken werden Bücher nicht verdrängt. Im Gegenteil - beide haben ihren wichtigen Platz. Es soll aber nicht verkannt werden, daß man ein Buch im allgemeinen leichter lesen als eine Datenbank bedienen kann. Ohne Schulung sieht eine Sitzung manmal katastrophal aus...

Die Entwicklung in Deutschland hinkt der amerikanischen um Jahre hinterher. Viele Fachleute glauben, daß hier erst der technologische Rückstand noch nicht abzusehende Auswirkungen zeigen wird. Trotz (unzureichender) öffentlicher Förderung zeigen erst jetzt private Träger im Wirtschafts- und Bankenbereich Aktivität an. Wir müssen den 90-%-Vorsprung der Amerikaner aufholen.

Als wichtige Datenbanken im deutsprachigen Raum kann man Ende 1986 nennen:

Patentwesen

Patentdatenbank PATDPA, betrieben vom Fachinformationszentrum Karlsruhe (FIZ)

Bertelsmann Informationsservice PATOS (Patentschriften)

Medizin

DIMDI, Postfach 42 05 80, D 5000 Köln 41, Tel. 02 21/47 24 1

Technik

GID, Postfach 71 03 70, D 6000 Frankfurt/Main 71,
Tel. 06 9/66 87 1

FIZ, Postfach 60 05 47, D 6000 Frankfurt/Main 60,
Tel. 06 8/43 08 1

INKA, Informationssystem Karlsruhe, Kernforschungszentrum,
Leopoldshafen 2, D 7514 Eggenstein, Tel. 07 24 7/82 45 66

Europa

In Europa hat Euronet DIANE eine führende Stellung:
Euronet DIANE, Launch Team, Postfach 777, L 2017 Luxemburg,
Telefon 00 35 2/40 22 1

Die NUI für Euronet DIANE erteilt das
Telegrafenamt Frankfurt/Main, Dienststelle DB, Postfach, D 6000 Frankfurt/Main 1, Tel. 06 11/21 13 08 0

Es gibt bereits über dreitausend Datenbanken in aller Welt. Sie werden in Datenbankführern aufgelistet.Z.B. gibt es von der Gesellschaft für Information und Dokumentation mbH einen Datenbankführer mit Datex-P-Rufnummern. Die GID bietet ebenfalls eine Loseblattsammlung mit Ergänzungslieferungen an.

Gesellschaft für Information und Dokumentation mbH,Lyoner Str. 44-48, D 6000 Frankfurt/Main 71, Tel. 06 11/66 87 42 8.

Will man mit einer Datenbank kommunizieren,muß man das "Retrieval"-System der Bank erlernen. Einige Banken geben hierzu eigene Kurse.

Zum Schluß sei auf ein beängstigendes Szenario hingewiesen: Man stelle sich einmal die enorme Bedeutung der Lagerverwaltung in einem großen Automobilwerk vor. Die Streiks der letzten Jahre haben gezeigt, daß das Vorratslager in der Automobilherstellung "auf der Straße" liegt. Das heißt, die Materialien werden genau dann angeliefert, wenn sie benötigt werden. Heraus ergibt sich ein großer Kostenvorteil für den Autohersteller und andererseits eine große Abhängigkeit der Zulieferer vom Werk. Grundlage dieser Lagerhaltung ist ein gut ausgebautes und störunanfälliges Kommunikationssystem. Es ist hochsensibel. Störungen im System bewirken große Ausfälle. Durch einen lokalen Streik weniger Menschen an strategisch wichtigen Stellen kann eine ganze moderne vernetzte Wirtschaft lahmgelegt werden.

10 Btx

Bildschirmtext (Btx) ist das Medium, das die Basisgeräte Telefon und Fernsehgerät mit einer Informationsdatenbank verbindet.

Btx wird schon seit über 10 Jahren in Großbritannien und Frankreich erfolgreich eingesetzt (View Data 1971, danach PRESTEL). In Deutschland führte die Bundespost von 1980 bis 1983 mit jeweils 3000 Teilnehmern Feldversuche in Berlin und Düsseldorf durch.Nach einem Staatsvertrag der Länder baute die Post Btx im gesamten Bundesgebiet und Berlin auf. Der Verbund besteht aus
- den ca. 50 Btx-Vermittlungsstellen,
- einem (noch sehr leeren) Mutterspeicher in Ulm (Leitzentrale),
- 21 Großspeichern und
- vielen regionalen Kleinspeichern und
- den Anschlußeinheiten für die Endgeräte.

Die Übertragung erfolgt nach der "CEPT"-Norm (Conference Europeene des Administration des Postes et Telecommunication) einheitlich in West-Europa. Sie betrifft den Darstellungsstandard.

Technisch erfolgt die Übertragung im Halbduplex-Betrieb mit einem Hilfskanal (1200 und 75 Baud). Der schnellere Kanal dient dem Bildaufbau,der langsamere der Rückmeldung des Benutzers per Tastatur. Der einzelne Teilnehmer ist nur mit den regionalen Btx-Vermittlungsstellen verbunden. Dort sind die örtlichen Informationsangebote der Anbieter gespeichert. Die übrigen Btx-Seiten werden nach Anforderung von der Btx-Leitstelle in Ulm angefordert.

Der private Benutzer benötigt eine Btx-Anschlußbox von der Bundespost, ein Telefon, ein Fernsehgerät mit eingebautem Bildschirmtext-Decoder, eine Fernbedienung hierfür oder eine Tastatur und nach Wunsch einen Drucker. Soweit fehlt nur ein Speichermedium (bisher nur Kassettenrecorder bzw. Tonband).

Mit den möglichen Anwendungen von Btx kann die Post Seiten füllen. Man kann sie in fünf Gruppen zusammenfassen;

- allgemeine Informationen,
- spezielle Informationen (Anbieter, Theater, Reisen),
- geschlossene Informationen (abgegrenzter Teilnehmerkreis,z.B. Bankauskünfte),
- Mitteilungen untereinander (elektronischer Briefkasten) und
- Spiele.

Der Zentralrechner ist über den Btx-Verbundrechner mit dem Datex-P-Netz verbunden. Über Datex-P stehen nun dem Btx-Benutzer externe Rechner zur Verfügung. In diesen externen Rechnern können Btx-Seiten gespeichert werden (und natürlich wieder abgerufen werden). Mit diesen Rechnern können Dialogprogramme abgearbeitet werden. Warum dann nicht auch PC-Kopplungen für Privatverbraucher?

Neben der einmaligen Btx-Anschlußgebühr von 65,- DM kostet ein Btx-Anschluß:

Gebühren für Teilnehmer		**Gebühren für Anbieter**	
monatliche Gebühr	8,- DM	monatl. Gebühr Bund	350,- DM
Mitbenutzerkennung/Tag	5,- Pfg	monatl. Gebühr reg.	50,- DM
Mitteilung/Seite	40,- Pfg	Speichern/Seite Bund	7,5 Pfg
Empfängerliste/Tag	0,5 Pfg	Speichern/Seite reg.	1,5 Pfg
Speichern Mitteilung/Tag	1,5 Pfg	Antwortseite zum Anb.	30,- Pfg
Abruf fr. Regionalber./S.	2,- Pfg	Speichern dieser S.	1,- Pfg

Hinzu kommen die Telefongebühren (Nahtarif bzw. Ortstarif).

Für Anbieter kommt nur ein System mit Off-Line-Editiermöglichkeiten und Speicher in Betracht. Ohne Verbindung zum Btx-Netz können Angebotsseiten in Ruhe, fehlerfreier und kostengünstiger erstellt werden. Das gleiche gilt für automatisierte Abfragen. Ein kostengünstiger Einsatz von Btx ist deshalb nur mit einem Btx-fähigen und zugelassen Computer mit entsprechender Software möglich. Entsprechende Btx-Adapter werden mittlerweise für alle gängigen Computersysteme angeboten.Hier sei ein Adapter für den IBM PC der Fa. isi Computer GmbH, Otto-Hahn-Str. 34, D-8012 Ottobrunn erwähnt. Er erlaubt den Betrieb mit dem üblichen Standard-Monochrom-Monitor und Farbmonitoren. Bilder können auf der Diskette gespeichert oder auf dem Drucker ausgegeben werden.Die Software wird mitgeliefert. Eine weitere Einsteckkarte für den IBM PC wird von IMR GmbH, Auguste-Viktoria-Str. 63, D-1000 Berlin 33, Tel. 03 0/82 61 38 0 für 1650,- DM angeboten (CEPT,PRESTEL-Norm 40/80 Zeichen).

Es geht auch einfacher. Mit einem Akustikkoppler (2*V24, 1200/75 Baud) und natürlich einem Btx-Anschluß kann man nur mit der entsprechenden Software (Computershop McMicro, Hauptstraße 19a, D-8130 Starnberg, Tel. 08 15 1/13 88 8, Preis 798,- DM Graphikversion, 398,- DM Monochromversion) sofort mit einem IBM PC Btx betreiben.
Es gibt natürlich auch eigens hierfür entwickelte Systeme, die jedoch preislich für Private kaum in Frage kommen. Dafür haben sie jedoch Farben, die sich sehen lassen können.Es sei nur eine kurze Liste aufgeführt (Die Geräte enthalten einen Decoder.):

Nixdorf BT 01	und 8810/25 Btx	NCR PC4i-Btx	Grundig PTC 100
Philips P 2715	und PC P 3100	Siemens Bitel	

Wie läuft eine Btx-Sitzung ab? Nachdem die Verbindung mit der Zentrale hergestellt ist, fragt diese (ohne daß der Benutzer es bemerkt) die Anschlußkennung ab, die in der Btx-Anschlußbox codiert ist.Nun müssen Sie Ihr persönliches Kennwort eingeben. Es kann jederzeit geändert werden. Bei mehrfacher falscher Eingabe wird der gesamte Btx-Anschluß gesperrt. Die Btx-Teilnahme besteht hauptsächlich aus "Blättern". Eine Übersicht erhält man mit *0#, angefallene Kosten erhält man mit *92# über die spezielle Btx-Tastatur. Beendet wird die Sitzung mit *9#.Kosten fallen (außer dem Telefonanruf) deswegen an,weil das Anschauen bestimmter Seiten vom Anbieter kostenpflichtig gemacht wird. Bestimmte Aktionen (z.B. bei Banken) werden zusätzlich noch mit persönlichen Identifizierungsnummern (PIN) und Transaktionsnummern (TAN), die nur einmal verwendet werden dürfen, gesichert.

Zum Schluß wieder ein Wort der Kritik. Die Bundespost hat das neue Medium mit großen Erwartungen vorgestellt. Nach sechs Jahren zeigt sich heute, daß nur 10 % der erwarteten Teilnehmerzahlen realisiert werden konnten. Das amtliche Btx-Verzeichnis für 1985/86 umfaßt 283 Seiten - nicht für Berlin,für das gesamte Bundesgebiet. Die Teilnehmerzahl beträgt Ende 1986 ca. 45000.

Nach der letzten unverständlichen Preiserhöhung fand zusätzlich eine Flucht der Anbieter statt. Die Bundespost hat gravierende Fehler begangen, so daß der Autor glaubt, daß Btx für die nächsten Jahre ein stark notleidendes Kind sein wird. Im Gegensatz zu Frankreich, wo Btx heute sehr populär ist, begann die Post mit einem Flop bei der Einführung des Decoders:

- Der Chip, der alles können und nichts kosten sollte (Eurom - Chip), wurde nicht fertig. Der Gründlichkeitswahn der Bundes-Post schlug auf sie selbst zurück.
- Die Anschlußgebühren für die Btx-Anschlußbox ist überhöht. In Frankreich bekam man sie umsonst. Der Verbraucher wurde derart geködert, daß er nicht mehr von Btx lassen mag. Hierdurch erreichte man schnell die erforderlichen hohen Anschlußzahlen.
- Die Anbieter bilden das Herz des Btx-Geschäftes. Aber der Zentralrechner in Ulm gähnt vor Leere. Eine überzogene Gebührenordnung für Anbieter macht das Geschäft uninteressant.
- Btx-taugliche Fernseher sind 1000 DM teurer als normale Fernseher.

Für den Verbraucher wird Btx nur in Verbindung mit einem Zweitanschluß akzeptabel. Dauernd besetzte Leitungen erhöhen nicht den Familienfrieden. Zumindestens hier hat die Post rechtzeitige Gebührensenkungen durchgesetzt.

Es bleibt nur zu hoffen, daß die Post ihre Restriktionen im Bereich der Endgeräte am Telefonanschluß aufgibt. Nur der Einsatz des Computers als Hilfsgerät kann Btx vor einem frühzeitigen Hinscheiden bewahren.

11 DFÜ in Turbo-Pascal („Verbindung“)

11.1 Bedienung des Programms "Verbindung"

Kurzübersicht zu "Verbindung"

Menü : Ein Menü mit Kommandozeile und Informationsfenster. Zweibildschirmtechnik: Kommandos und DFÜ. Kommandoseite für Anfänger und Experten getrennt.
Protokolle : XModem und eigenes Auto-Protokoll
Handbuch : dieses Buch.
Funktionstasten: Alle Funktionstasten F1 - F10, Shift F1 - F10, Ctrl F1 - F10 und Alt F1 - F10;40 Tasten mit je 60 Zeichen frei belegbar.
Hilfe-System : Hilfen insgesamt und zu jedem einzelnen Befehl sowie Angaben zu den erlaubten Parametern. Insgesamt 45 Bildschirmseiten.
Speicher-Datei : maximal 32 Kbyte.
Erläuterungen : ausführlich in deutsch.
Steuerung : keine Wählfunktionen.

"Verbindung" ist ein Terminal-Programm in Turbo-Pascal, dessen Quelltext frei verwendbar ist. Es erfüllt bis auf automatische Wählfunktionen alle Optionen kommerzieller Programme. Es zeichnet sich durch ein außerordentlich umfangreiches Hilfe-System von 45 Bildschirmseiten aus, zwischen denen beliebig hin- und hergeblättert werden kann. Hilfen können auch zu jedem Befehl einzeln aufgerufen werden.

Für Anfänger wird ein stark vereinfachtes Menü geboten, um sie nicht durch die vielen Parameter der Datenfernübertragung zu verwirren. Einmal konfiguriert hat der Anfänger nichts mehr mit der Übertragungstechnik zu tun. Trotzdem beinhaltet das Anfänger-System alle Expertenbefehle.

Befehle werden durch zwei Buchstaben eingegeben.Zusätzliche Angaben werden angefordert.Dies entspricht der Crosstalk-Technik. Lediglich beim Drucker und bei Hilfen werden Befehlssequenzen angegeben, z. B. "Drucker an" oder "Drucker aus", oder mit den Abkürzungen "dr an" und "dr aus" bzw. "hi än" etc.Die Protokolle XModem und Auto werden unterstützt.

Von Crosstalk wurde ebenfalls die Zweibildschirmtechnik mit der Kommando- und DFÜ-Seite übernommen.

11.1.1 Die Menüs

Das auf Diskette kompilierte Programm wird mit **Verbindung** aufgerufen. Es erscheint die Entscheidungs-Menükarte Anfänger-/Experte. Sofern das System bereits konfiguriert ist, sollten Sie als Anfänger unbedingt diese Option wählen. Als Experte können Sie beides wählen. Sie können jederzeit zum Experten-System umschalten.

```
Datenfernübertragung  Klaus-Dieter Tillmann 1987   Friedr. Vieweg & Sohn
------------------------------------------------------------------------
An - Sind Sie ein "Anfänger" und wollen nichts mit Parametern zu tun haben ?
     Sie bekommen ein vereinfachtes Menü mit den wichtigsten Befehlen.
     Sie sollten jedoch am Anfang einmal das System für Ihre Bedürfnisse
     initialisieren und die Daten mit SI unter STANDARD abspeichern.

Ex - Sie sind "Experte" und wollen alle möglichen Parameter ändern.
     Sie können mit AN später auf "Anfänger" umschalten.
------------------------------------------------------------------------
Bitte wählen Sie:                                               11:58:57
```

Bild 11.1 Anfänger-/Experten-Menükarte

Wenn Sie Anfänger wählen wollen, so tippen Sie bitte AN ein.Sie können auch an oder anfänger eintippen. Die Klein-/Großschrift spielt keine Rolle. Sie können auch alle Befehle durch die ausgeschriebene Bezeichnung eingeben. Alle Bezeichnungen, die länger als ein Buchstabe sind,müssen mit RETURN abgeschlossen werden. Sie erhalten nun die Anfänger-Menükarte:

```
Datenfernübertragung  Klaus-Dieter Tillmann 1987   Friedr. Vieweg & Sohn
------------------------------------------------------------------------
En - de des Programms

Hi - lfe     : Sie bekommen alle Hilfen aufgelistet.
Li - sten    : Listen Sie alle Abkürzungen der Befehle auf.

Ta - bulator: Starten Sie die Übertragung per Tastatur.
Ex - perte   : Schalten Sie auf das "Expertensystem" um.
------------------------------------------------------------------------
Bitte wählen Sie:                                              12: 6: 1

drucken: nein          speichern: nein     Speicher:0 bis 0=0 Zeichen
```

Bild 11.2 Anfänger-Menükarte

Sie sind jetzt bereits mitten im Programm "Verbindung"! Diese Bildschirmseite nennen wir "Kommandoseite". Sie können die Datenfernübertragung sofort beginnen, indem Sie entweder

- Ta für Tabulator eintippen oder
- die Tabulatortaste ¦<- ->¦ drücken.

Mehr benötigen Sie für den Anfang nicht.

Die wichtigsten lokalen Befehle finden Sie in der Menükarte.Die Schaltzustände des Druckers und des Speichers finden Sie einige Zeilen tiefer. Beim Einschalten soll der Drucker nicht mitlaufen, und es soll auch nichts gespeichert werden.Deshalb ist der Speicher auch leer (drucken:nein speichern:nein). Beginnen Sie mit Li! So können Sie sich alle Befehle in Erinnerung rufen.

Als Experte werden Sie alle folgenden Abschnitte studieren wollen (oder müssen). Tippen Sie EX oder ex ein. Der Monitor füllt sich nun mit allerhand Mitteilungen:

```
Datenfernübertragung  Klaus-Dieter Tillmann 1987   Friedr. Vieweg & Sohn

Diskettenstatus von Laufwerk D:  993280  Bytes frei auf der Diskette.

Betriebsfähige serielle Schnittstellen:
COM1: vorhanden.
COM2: vorhanden.
COM3: nicht vorhanden.
COM4: nicht vorhanden.

Druckeranschlüsse=2 Videomodus = Standard-Farbkarte    640 kByte RAM

 Liste der Parameter-Dateien

 1 STANDARD  2 PARAM  3 DSS-FILE  4 DSS-TAST

Bitte Parameter-Datei wählen (1 ..4) ==>                    12: 8: 0
```

Bild 11.3 Initialisierungs-Menü

Das Programm überprüft zuerst den Zustand Ihres Rechners, der Farbkarte, des aktuellen Diskettenlaufwerks, der parallelen und der seriellen Schnittstelle. Sofern auf dem aktuellen Laufwerk weniger als 30 Kbyte Speicherplatz frei ist, wird eine Warnung ausgegeben, weil in diesem Fall beim Abspeichern der Speicher-Datei Platzprobleme auftreten können. Die Art der vorhandenen Videokarte entscheidet über das Umschalten der drei verschiedenen Bildschirmseiten (Kommando-, DFÜ- und Hilfe-Seiten). Besitzen Sie eine Standard-Farbkarte, werden die Seiten so schnell umgeschaltet, daß Sie den zeitlichen Aufbau der Seiten kaum bemerken (sofern die beschriebene Bildschirmseite bereits vorhanden war). Wenn keine Drucker-Parallelschnittstelle (Centronics) existiert,läßt das Programm keine Druckerausgaben zu - eine beliebte Absturzmethode für Programme. Zum Schluß werden die für dieses Programm wichtigsten Schnittstellen überprüft: die seriellen Ports. Sie werden auf zwei Arten gleichzeitig auf Funktionstüchtigkeit getestet. Bei einem Widerspruch wird eine Fehlermeldung ausgegeben.

Im Experten-System können Sie die voreingestellte Übertragungsparameter (und Funktionstastenbelegungen, Bildschirmfarben und Name der Speicher-Datei) je nach Anwendung in verschiedenen Parameter-Dateien abspeichern. Im Initialisierungs-Menü wird eine Liste dieser Parameter-Dateien erstellt.Wählen Sie Ihre passende anhand der Nummer. Kann das Programm auf der Diskette keine Parameter-Datei finden,werden die Daten der Prozedur "Init" benutzt. Das Programm lädt nun die Übertragungsparameter und liefert die Experten-Menükarte.Diese Bildschirmseite wird auch als Kommando-Seite bezeichnet.

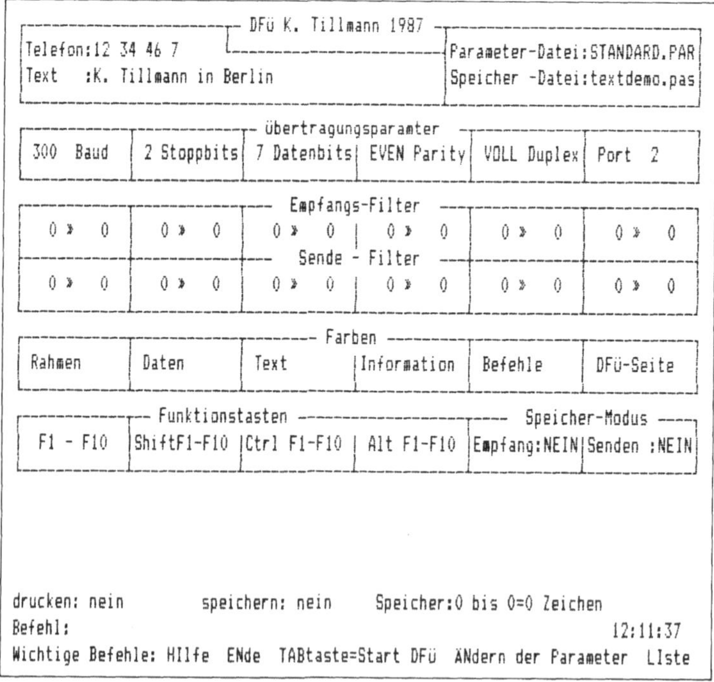

Bild 11.4 Experten-Menükarte

Die Experten-Menükarte ist in drei Bereiche aufgeteilt:
- den oberen Bereich der Parameter
- den hier leer erscheinende Bereich des Informationsfensters
- der Kommandozeile (vorletzte Zeile beginnend mit Befehl:).

11.1.2 Test der Schnittstellen

Die parallelen und seriellen Schnittstellen werden überprüft. Für die serielle Schnittstelle wird ein doppeltes Testverfahren angewendet. Angenommen, es seien zwei serielle Schnittstellen in Ihrem Rechner eingebaut. Sie erhalten dann die Mitteilung:

Betriebsfähige serielle Schnittstellen:
COM1: vorhanden.
COM2: vorhanden.
COM3: nicht vorhanden.
COM4: nicht vorhanden.

Wird ein Fehler gefunden, erscheint der Satz:
"Fehler in der Hardware der seriellen Schnittstellen."

Das Ergebnis dieses Schnittstellentests bestimmt den Bereich, aus dem Sie den Parameter "Port" nehmen dürfen.Der Test der parallelen Schnittstelle bestimmt, ob Druckausgaben erlaubt werden. Die Anzahl der festgestellten Centronics-Anschlüsse wird angezeigt:
Druckeranschlüsse:2.
Existiert ein Anschluß, so wird trotzdem vor jeder Druckausgabe überprüft
- ob ein Drucker angeschlossen (und eingeschaltet) ist und
- ob der Drucker "Online" oder "Offline" geschaltet ist.

11.1.3 Übertragungsparameter

Im oberen Bereich der Experten-Menükarte sind die Übertragungsparamter aufgelistet. Sie können über den Änderungsmodus verändert werden. Es sind folgende Parameter einzustellen:

Die Übertragungsgeschwindigkeit

Es können folgende Übertragungsgeschwindigkeiten eingestellt

werden:
50,75,110,150,300,600,1200,1800,2400,3600,4800,7200,9600 Baud.

Stoppbits

Ein oder zwei Stoppbits sind erlaubt.

Datenbits

Sieben und acht Datenbits sind erlaubt.

Parität

Die Parität kann gerade (EVEN) und ungerade (ODD) sein. Zusätzlich kann die Paritätsprüfung abgeschaltet werden (NONE).

Duplex

Sie können Halb- und Vollduplex einstellen.

Port

Sie können entscheiden, über welche serielle Schnittstelle der Datenfluß abgewickelt werden soll. Dies hängt natürlich davon ab, welche Schnittstellen Sie tatsächlich eingebaut haben. Sie können nur die Schnittstellen angeben, die beim Schnittstellentest als funktionsfähig anerkannt wurden.Zugelassene Werte sind 1, 2, 3 und 4.

11.1.4 Parameter-Datei

Diese Übertragungsparameter (und noch zusätzlich die Belegung der Funktionstasten, die Bildschirmfarben und den Namen der zuletzt benutzten Speicher-Datei) können Sie mit "SI" in eine Parameter-Datei abspeichern. Die bereits vorhandenen Parameter-Dateien werden zur Erinnerung aufgelistet. Geben Sie den Namen ohne ".XXX" ein, da das Programm automatisch ".PAR" anhängt.Nur diese Dateien werden als solche erkannt. Mit "HOlen" können Sie Parameter-Dateien wieder laden. Die Schnittstelle und der Bildschirm werden sofort an die neuen Werte angepaßt.

11.1.5 Speicher-Datei

Die Speicher-Datei dient der "Zwischenlagerung" von gesendeten bzw. empfangenen Zeichen. Der Name der Datei kann über den Änderungsmodus rechts oben im Bildschirm angegeben werden.Zusätzlich kann die Speicher-Datei über den "Lade"-Befehl geladen und über den "Speicher"-Befehl gesichert werden. Beim "LAde"-Befehl wird der Inhalt der Datei angezeigt. Die Größe der Speicher-Datei beträgt maximal 32 Kbyte.Die tatsächliche Größe wird im Informationsfenster oberhalb der Befehlszeile angezeigt.Die Speicher-Datei kann bis zu ihrer tatsächlichen Größe manipuliert werden, indem man jederzeit den Zeiger zum Anfang und Ende der Datei verstellen kann (MIN und MAX) oder indem man sie mit dem "NUll"-Befehl ganz löscht.

Die Speicher-Datei kann bis zu ihrem größten Wert geladen werden. Weitere Zeichen werden ignoriert.

Wird der "Ring"-Schalter gesetzt, so werden bei vollem Speicher wieder die ersten Zeichen im Speicher überschrieben.

11.1.6 Datei-Übertragung (Protokolle)

Das Programm unterstützt folgende Datei-Übertragungen:
- Übertragung ohne Protokoll.
- Übertragung nach dem XModem-Protokoll.
- Übertragung nach dem Auto-Protokoll (eigenes Protokoll).
- Empfang nach den gleichen Protokollen mit Bildschirmanzeige und ohne Bildschirmanzeige. Alle Übertragungen von "Verbindung"-Programmen untereinander können bis 9600 Baud mit Bildschirmanzeige erfolgen. Übertragungen von sehr schnellen Sen-

dern mit hoher Übertragungsrate sollten ohne Bildschirmdarstellung erfolgen,weil sonst Zeichen nach einem LineFeed verschluckt werden können.
- Nach jedem gesendeten Zeichen kann eine Pause eingelegt werden ("HAlt"-Befehl; Eingabe in 1/10 s).

Dateien können direkt von der Diskette gesendet werden und beim Empfang auf diese geschrieben werden.

11.1.7 Zeichenfilter

Es können Zeichen während des Datentransfers umgewandelt werden. Anders als in anderen Programmen werden sie nicht eliminiert, sondern umgewandelt.Es können maximal jeweils sechs verschiedene Zeichen für den Empfang und für das Senden in andere umgewandelt werden.Beispielsweise kann hierdurch der Crosstalk-Befehl "Turnaround" durch die Umwandlung 13 > 3 realisiert werden. Auslöschungen können durch Umwandlungen in ASCII 0 bzw. 32 erzielt werden.

11.1.8 Tastatur-Belegung

Mit Hilfe eines Turbo-Pascal-ähnlichen Editors können alle 40 Funktionstasten belegt werden. Die Belegung wird in der Parameter-Datei abgelegt. Mit Hilfe der Funktionstasten können Anmeldeprotokolle (LogOn) vereinfacht werden. Die Funktionstasten F1 bis F10, Shift F1 bis F10, Ctrl F1 bis F10 und Alt F1 bis F10 können jeweils mit maximal 60 Zeichen belegt werden. Zum Editieren stehen folgende Hilfsmittel zur Verfügung:
- Einfügen- bzw. Löschmodus wie im Turbo-Pascal-Editor über die Insert-Taste (Einfüg-Taste).Der Zustand dieses Schalters wird im Informationsfenster angezeigt.
- Die Tasten "Lösche unter dem Cursor" (Del- oder Lösch-Taste) wird unterstützt.
- Die Taste "Lösche links vom Cursor" (Backspace<-) wird unterstützt.

- Die Taste "Tabulator" (¦<-->¦) löscht die Zeile von der Cursorposition bis an das Ende.
- Die Tasten <- und -> (Cursor rechts und links) überstreichen den Text, ohne ihn zu löschen.
- Jeweils die 10 Tasten einer Funktionsgruppe können gleichzeitig editiert werden.
- Innerhalb dieser Funktionsgruppe können Sie mit den Cursortasten "Home", "End", "Cursor aufwärts" und "Cursor abwärts" beliebig springen.

Diese Funktionen entsprechen einem kompletten Bildschirmeditor. Lediglich die Kopierfunktionen sind nicht implementiert. Diese Editierhilfen gelten auch für den Änderungsmodus.

11.1.9 DOS-Befehle

Die beiden DOS-Befehle "dir" und "cd" werden mit den Befehlen "DIr" und "PFad" unterstützt.Mit "DI" werden die Dateien im aktuellen Laufwerk angezeigt. Mit "PF" können Sie den aktuellen Pfad ändern.Es gelten die gleichen Regeln wie beim "cd"-Befehl.

11.1.10 Bildschirmfarben

Sie können - bei einem Farbmonitor - sechs verschiedene Farben auf dem Bildschirm erzeugen und verändern. Die Farbangaben werden in der Parameter-Datei gespeichert. Sie können durch Eingabe von "+" oder "-" folgende Farben verändern:
- Farbe des Rahmens im oberen Bildschirmteil.
- Farbe der Angaben der Parameter-Werte.
- Farbe des Textes im oberen Bildschirmteil.
- Farbe der Texte im Informationsfenster.
- Farbe des Textes auf der Befehlszeile (Zeile 24).
- Farbe des Textes auf der DFÜ-Seite.

Alle Farben werden sofort angezeigt, so daß leicht eine optimale Einstellung erreicht wird. Mit "+" und "-" durchlaufen Sie 16 mögliche Werte (auch blinkende Darstellung).

11.1.11 Drucker

Alle gesendeten und/oder empfangene Zeichen können auf einem Drucker ausgegeben werden. Es ist kein spezielles Druckerprotokoll erforderlich. Auch der Inhalt der Speicher-Datei kann ausgegeben werden. Durch "Print Screen" können natürlich auch ganze Bildschirmseiten ausgedruckt werden. Beim "Mitlaufen" des Druckers entstehen Zeitprobleme, sofern er keinen eigenen Puffer hat. Dieses Problem kann man umgehen, indem man die Zeichen erst speichert und dann ausdruckt.

11.1.12 Hilfen

Es gibt zwei Hilfe-Systeme.

1. Das große Hilfe-System kann auf drei Arten aufgerufen werden.

- durch "HIlfe" in der Befehlszeile.
  Man kann alle 45 Bildschirmseiten mit den Cursortasten durchblättern. Es gilt:
  - "Home" springt auf die erste Hilfe-Seite.
  - "End" springt auf die letzte Hilfe-Seite.
  - "Cursor oben" und "Cursor rechts" blättern um eine Seite weiter.
  - "Cursor unten" und "Cursor links" blättern jeweils um eine Seite zurück.
  - "Pgu" (Bild oben) blättert 10 Seiten vorwärts.
  - "Pgd" (Bild unten) blättert 10 Seiten zurück.
  - RETURN beendet das große Hilfe-System.

  Die einzelnen Seiten sind "im Ring" geschaltet.
- durch "HI XX" auf der Befehlszeile.XX steht für die Abkürzung eines der erlaubten Befehle. Sie sehen eine Bildschirmseite Text, nur in Sonderfällen mehrere Bildschirmseiten. Mit der Leertaste kehren Sie zur Menükarte zurück.
- durch "?" im Änderungsmodus. Sie sehen nur die ersten Seiten des Hilfe-Systems, die die Angaben oberhalb der Befehlszeile (z.B. drucken:nein speichern:ja etc.) erläutern.

2. Das kleine Hilfe-System wird im Änderungs-Modus im Informationsfenster eingeblendet. Stehen Sie z.B. mit dem Cursor im Fenster "300 Baud", dann werden im Informationsfenster alle erlaubten Übertragungsgeschwindigkeiten angezeigt.

Bedeutung der Angaben im "Informationsfeld":

drucken: ja oder drucken: nein

Je nach der Anzeige werden alle empfangenen und gesendeten Zeichen auf dem Drucker ausgegeben. Befehl: DR an oder DR aus oder drucker an etc.

speichern: nein oder speichern: ja

Nur wenn die Anzeige "ja" lautet,werden je nach der Angabe unter "Speichermodus Empfang/Senden" empfangene oder gesendete Zeichen gespeichert. Erscheint die Angabe "ja-Ring", so wird beim Überlaufen des Speichers der Anfang wieder überschrieben.

Speicher: 100 bis 22000 = 21900 Bytes

Diese Angaben bezeichnen den Zustand der Speicherdatei. Wenn diese gesendet, gezeigt oder auf Diskette gespeichert wird,werden die 100. bis 22000. Zeichen benutzt. Die übrigen (0 bis 99) sind vorhanden, werden aber nicht genutzt. Die Grenzen können mit Nu, Ma und Mi geändert werden.

einfügen oder löschen

Diese Angabe bezieht sich auf alle Texteingaben in der Befehlszeile, im Änderungsmodus und beim Belegen der Funktionstasten. Wenn Sie die Parameter im oberen Teil des Bildschirms ändern wollen, so können Sie Zeichen zwischen die vorhandenen einfügen oder die schon vorhandenen überschreiben.Der Zustand wird durch die INSERT-Taste im Änderungsmodus verändert. Der Zustand des

Einfügen/Löschen-Modus kann jederzeit geändert werden.Beim Editieren der Kommandozeile wird er jedoch nicht angezeigt.

auto

Manche Rechner besitzen nur einen kleinen Speicher, um Daten zu empfangen. Wenn "auto" angezeigt wird, wird beim Senden einer Datei immer nur eine Zeile abgeschickt und dann auf eine beliebige Bestätigung des Empfängers gewartet.Als Begrenzungszeichen dient linefeed = #10. "auto" schaltet "XModem" ab.

XModem

"XModem" ist die Bezeichnung für eine spezielle Übertragung einer Datei. Hierbei werden Blöcke zu je 128 Bytes übertragen.Die Übertragung beginnt mit #1, einer Blocknummer und dem Einerkomplement der Blocknummer. Sie endet mit einem Prüfbyte. "XModem" schaltet "Auto" ab. "XModem" wird oberhalb der Befehlszeile im "Informationsfenster" angezeigt.

Speichermodus Empfang: Bei "JA" werden alle empfangenen Zeichen gespeichert.

Speichermodus Senden: Bei "JA" werden alle gesendeten Zeichen gespeichert.

?: Im Änderungsmodus bekommen Sie Hilfen.

11.1.13 Die Befehle in alphabetischer Reihenfolge

Die Befehle werden als Nachschlagewerk in alphabetischer Reihenfolge aufgeführt. Große Teile hiervon finden Sie im Hilfe-System des Programms wieder.

Übersicht über den Befehlssatz

Die ersten beiden Buchstaben oder das ganze Wort kennzeichnen den Befehl.

Ändern: Ändern Sie Angaben im oberen Teil des Bildschirms.

Automat. Dateien werden zeilenweise gesendet, bis eine Bestätigung erfolgt.

Anfänger Schalten Sie den Bildschirm auf "Anfänger" um.

Directory:Listen Sie das aktuelle Inhaltsverzeichnis auf.

Drucker: Schalten Sie den Drucker an oder aus.

Ed: Empfangen Sie eine Datei und schreiben Sie sie auf Diskette ("Empfang Diskette").

Ende: Beenden Sie dieses Programm.

Experte: Schalten Sie den Bildschirm auf "Experte" um.

Fangen: Fangen Sie alle ein- oder ausgehenden Zeichen ein.

Halte: Nach jedem gesendeten Zeichen wird eine bestimmte Zeit gewartet.

Hilfe: Sie bekommen alle Hilfen.

Holen: Holen Sie eine Parameter-Datei von der Diskette.

Laden: Laden Sie eine Speicher-Datei zum Datentransfer.

Lb: Löschen Sie den Bildschirm der DFÜ-Seite.

Liste: Listen Sie alle Befehle in Kurzform auf.

Maximum: Legen Sie das Maximum der Speicher-Datei fest.

Minimum: Legen Sie das Minimum der Speicher-Datei fest.

Null: Löschen Sie die Speicher-Datei.

Pfad: Ändern Sie den Pfad im aktuellen Inhaltsverzeichnis.

Ring: Wenn die Speicher-Datei überläuft, kann man "im Ring" speichern.

Sd: Senden Sie eine Datei direkt von der Diskette.

Sb: Speichern Sie den Bildschirminhalt der DFÜ-Seite.

Senden: Senden Sie die Speicher-Datei zum Partner.

Sichern: Sichern Sie die Parameter-Datei auf Diskette.

Speichern:Speichern Sie die Speicher-Datei auf Diskette.

Tabulator:Löschen bis Fensterende; Wechsle von Kommando- zur DFÜ-Seite und umgekehrt.

XM: XModem: Datei-Übertragung nach dem XModem-Protokoll.

Zeigen: Zeigen Sie die Speicher-Datei auf dem Bildschirm.

Zv: Zeilenvorschub nach jedem RETURN einfügen.

Zw: Zeichen weg: Empfangene Zeichen werden nicht dargestellt.

Än: Ändern der Parameter

Dies ist der mächtigste Befehl. Ihnen stehen jetzt alle Parameter in der oberen Bildschirmhälfte zur Verfügung. Der Cursor springt in das Feld "Telefon". Mit Hilfe der Cursor-Tasten können Sie von Fenster zu Fenster springen. Gleichzeitig sehen Sie im "Informationsfenster" im unteren Teil des Bildschirms Hinweise, welche Eintragungen in den einzelnen Fenstern erlaubt sind.

Innerhalb der Fenster stehen Ihnen fast alle Editiermöglichkeiten wie im Turbo-Pascal-Editor zur Verfügung: Überschreiben und Einfügen durch die Insert (Einfügen)-Taste. Der Zustand dieser Taste wird ebenfalls im "Informations-Fenster" angezeigt.

Weiter können Sie die Cursor-Tasten "rechts" und "links". "Löschen links vom Cursor" und "Löschen unter dem Cursor" benutzen. Die Tabulator-Taste löscht das Feld vom Cursor bis zum Feldende.

Wenn Sie in einem Feld "?" eingeben, erhalten Sie noch zusätzlich Hilfen.

Bildschirmfarben können Sie mit "+" und "-" ändern.Die Änderung wird sofort durch Farbwechsel angezeigt.

Durch "+" können Sie die Belegung der Funktionstasten anzeigen und ändern. Hier stehen Ihnen ebenfalls fast alle Befehle des Turbo-Pascal-Editors (mit Ausnahme des Copy- und Move-Befehls) zur Verfügung.

Wichtig: Sie beenden den Änderungsmodus mit "#".
Sie beenden die Belegung der Funktionstasten mit "#".

Vergessen Sie nicht, wichtige Änderungen durch "Si" auf der Diskette in einer Parameter-Datei abzulegen. Beachten Sie:In allen Befehlen kommt es nicht auf Klein- bzw. Großschrift an.

AN: Anfänger: Schalte den Bildschirm auf das Anfänger-System um.

Bei der Datenfernübertragung werden viele Parameter benötigt,um das System auf die Bedürfnisse des Benutzers einzustellen.Damit diese Parameter nicht jedesmal wieder neu eingestellt werden müssen, werden sie in der Parameter-Datei abgespeichert und gegebenenfalls wieder geladen. Damit Anfänger nicht überfordert werden, wird ihnen eine einfachere Bildschirmdarstellung geboten, die nur die wichtigsten Befehle enthält. Es stehen jedoch alle Befehle zur Verfügung, und es kann jederzeit zum Experten-System umgeschaltet werden. Im Anfänger-System hat der Benutzer nichts mit der Parameter-Datei zu tun. Es wird automatisch die Parameter-Datei STANDARD.PAR geladen. Sie muß daher einmal eingerichtet werden und im aktuellen Inhaltsverzeichnis der Diskette vorhanden sein. Ist sie nicht vorhanden, so werden die im Programm eingebauten Parameter benutzt. Diese lauten:
300 Baud 2 Stoppbits 7 Datenbits even parity Port 1.

Au: Automatik: Sende eine Zeile und warte auf eine Antwort.

Manche Rechner besitzen nur einen kleinen Speicher, um Daten zu empfangen. Wenn "auto" angezeigt wird, wird beim Senden einer Datei immer nur eine Zeile abgeschickt und dann auf eine beliebige Bestätigung des Empfängers gewartet. Dies erfolgt in folgender Weise:

Es wird jeweils eine Zeile gesendet (Begrenzer LineFeed = #10). Dann wartet der Rechner auf eine Antwort vom Empfänger.Nach dem ersten Antwortzeichen wartet er noch ca. 1,5 Sekunden (bei 300 Baud), da einige Rechner Zeilennummern oder einen ganzen String senden. Kommt keine Antwort,so können Sie durch Tastendruck die nächste Zeile senden.Die Tabulator-Taste unterbricht den gesamten automatischen Datentransfer.

Ob der Dateitransfer jeweils mit Antwortabwarten ("auto") oder nicht durchgeführt wird, wird im Informationsfenster durch das Wort "auto" angezeigt.AU schaltet die Automatik auch wieder ab.

Di: Directory: Liste den Inhalt des aktuelle Verzeichnisses.

Im "Informationsfenster" werden alle Files des aktuellen Laufwerkverzeichnisses aufgelistet. Pfade werden farblich gekennzeichnet.Andere Verzeichnisse können Sie über den Befehl "Pfad" bekommen.

Dr: Drucker an und ausschalten.

Je nach dem Zustand dieses Programmschalters werden alle Zeichen, die empfangen oder gesendet werden, zum Drucker geleitet und ausgedruckt. DR verlangt einen Zusatz: Dr an oder Dr aus.Es kann auch Drucker an bzw. Drucker aus eingegeben werden.

Achtung: Dies ist nur für Drucker mit Druckerpuffer sinnvoll, weil der Drucker sonst zu langsam ist.Die Übertragungsgeschwindigkeit sollte nicht mehr als 1200 Baud betragen.

Lösung für andere Fälle: Erst in der Speicher-Datei abspeichern und später diese ausdrucken lassen.

Ed: Schreibe empfangene Daten sofort auf Diskette.

Alle empfangenen Daten werden sofort in die Speicher-Datei geschrieben. Der Befehl kann durch die Tabulator-Taste unterbrochen werden.

Die Speicher-Datei wird vergrößert, nicht geleert, es sei denn, Sie geben eine Datei an, die noch nicht auf der Diskette vorhanden ist. Falls Sie eine leere Datei beschreiben möchten,können Sie vorher den "Nu"ll-Befehl benutzen.

Weil das Schreiben auf Diskette zeitkritisch ist, werden keine Filter benutzt !

En: Ende des DFÜ-Programms.

Sie beenden dieses DFÜ-Programm mit dem Befehl "En" oder jeder längeren Bezeichnung z.B. "Ende". Sie werden anschließend gefragt, ob Sie das Programm tatsächlich verlassen wollen. Antworten Sie bitte mit "j" oder "n" (in allen Befehlen spielt die Groß- und Kleinschreibung keine Rolle.).

Haben Sie die Parameterwerte während der Sitzung geändert, so werden Sie gefragt, ob Sie die Werte abspeichern wollen und ob dies mit dem bekannten Namen der Standard-Parameter-Datei oder unter einem neuen Namen erfolgen soll.

Haben Sie noch Empfangs- oder Sendedaten im Speicher, so werden Sie gefragt, ob Sie diese Daten noch in der Speicher-Datei abspeichern wollen.

Ex: Experte: Schalte den Bildschirm auf das Experten-System um.

Bei der Datenfernübertragung werden viele Parameter benötigt,um das System auf die Bedürfnisse des Benutzers einzustellen.Damit diese Parameter nicht immer wieder erneut eingestellt zu werden brauchen, werden sie in der Parameter-Datei abgespeichert und gegebenenfalls wieder geladen.

Im Experten-System stehen Ihnen alle Möglichkeiten offen. Im oberen Teil des Bildschirms werden alle Parameter angezeigt.

Wählen Sie von Anfang an das Experten-System, so gibt der Rechner den Zustand des aktuellen Laufwerks an sowie welche seriellen Schnittstellen vorhanden und betriebsfähig sind. Sofern Parameter-Dateien sich auf der Diskette befinden, werden Sie aufgefordert, eine hiervon zu wählen.

Fa: Fange Zeichen in einer Speicher-Datei ein.

Empfangene und gesendete Daten können in der Speicher-Datei gegespeichert werden (Englischer Begriff: Capture on/off). Entsprechend dem Speicher-Modus können Sie unterscheiden:

1. Nur empfangene Daten speichern.
2. Nur zu sendende Daten speichern.
3. Alle Zeichen speichern.

Sie werden gegebenenfalls aufgefordert, die Speicher-Datei anzugeben und den Speicher-Modus festzulegen.

Wenn Sie über 32 Kbyte Zeichen speichern wollen,läuft die Speicher-Datei über. Sie haben zwei Möglichkeiten:

"ring" nicht gesetzt:ab dem 32001. Zeichen wird nichts mehr gespeichert.

"ring" gesetzt: ab dem 32001. Zeichen fängt die Speicherung von vorn an (Ring).Die ersten Zeichen werden wieder überschrieben.

Ha: Halte nach einem gesendeten Zeichen an.

Manche Empfänger können die eingegenden Daten nicht schnell genug verarbeiten (z.B. nach einem LineFeed). Daher kann nach jedem Zeichen eine Pause eingelegt werden. Sie werden gefragt,wie lang diese, in 1/10 s gemessen, sein soll. Geben Sie bitte nur eine natürliche Zahl oder Null ein.Ist ihre Eingabe fehlerhaft, werden Sie aufgefordert, sie zu wiederholen.

Der einmal eingegebene Wert wird nicht angezeigt und kann auch nicht erfragt werden.

Hi: Hilfen zu allen Befehlen bekommen.

Es gibt drei Möglichkeiten, das umfangreiche Hilfen-System zu nutzen:

1. Von der Kommandozeile aus können Sie mit "HI" oder "hi" etc. alle Hilfen in alphabetischer Reihenfolge aufrufen. Nach einer Bildschirmseite können Sie mit allen Pfeiltasten auf der rechten Seite blättern (Seite vor, zurück, Page up = 10 Seiten vor, Page down = 10 Seiten zurück, Springe an den Anfang (home), Springe an das Ende (end) oder mit der RETURN-Taste unterbrechen.
2. Von der Kommandozeile aus können Sie Erläuterungen zu einem ganz bestimmten Befehl bekommen, indem Sie "Hi XX" aufrufen, wobei XX die Abkürzung des Befehls ist. Die Leerstelle hinter "Hi" ist zwingend vorgeschrieben.
3. Im Änderungsmodus bekommen Sie an jeder Stelle durch "?" zu den Bedeutungen der einzelnen Felder wie Farben, Funktionstasten, Übertragungsparametern etc. Erläuterungen.

Ho: Hole die Parameter-Datei von der Diskette.

Bei der Datenfernübertragung werden viele Parameter benötigt,um das System auf die Bedürfnisse des Benutzers einzustellen.Damit diese Parameter nicht immer wieder erneut eingestellt zu werden brauchen, werden sie in der Parameter-Datei abgespeichert und gegebenenfalls wieder geladen.

Zur Erinnerung werden alle bereits existierenden Parameter-Dateien im "Informationsfenster" mit einer Nummer angezeigt.

Nach der Eingabe von "Hole" werden Sie nach der Nummer der Datei gefragt. Geben Sie diese bitte ein. Die Datei wird nun geladen. Alle Parameter werden entsprechend umgesetzt.Die serielle Schnittstelle wird mit diesen Werten initialisiert.Im Experten-System werden unter Umständen die Farben des Bildschirms geändert.

La: Lade den Inhalt der Speicher-Datei von der Diskette.

Sie können eine Datei von der Diskette in den RAM-Speicher des Rechners laden, um sie dort leichter benutzen zu können.Es wird immer die Datei angesprochen,die rechts oben auf dem Bildschirm des Experten-Systems angegeben ist. Ist dort keine gültige Eintragung angegeben, so springt der Cursor automatisch an diese Stelle und verlangt eine Angabe. Das Anfänger-System schaltet kurzfristig auf das Experten-System um. Anschließend wird die Datei geladen und auf dem Bildschirm dargestellt. Der Ladevorgang kann jederzeit durch Tastendruck angehalten werden. Die Datei wird immer an die Datei im RAM angehängt! Wenn dies nicht erfolgen soll, muß vorher mit "Nu" der Speicher gelöscht werden.

Lb: Lösche den DFÜ-Bildschirm.

Das Programm arbeitet hauptsächlich mit zwei Bildschirmseiten: Der (lokalen) Kommandoebene und der DFÜ-Seite.Auf der DFÜ-Seite werden alle gesendeten und empfangenen Zeichen angezeigt.Dieser Befehl bereinigt diese Bildschirmseite.

Li: Liste alle Befehle in Kurzform auf.

Im "Informationsfenster" im unteren Teil des Bildschirms werden alle Befehle mit ihren Abkürzungen in alphabetischer Reihenfolge aufgelistet.

An An Au Di Dr Ed En Ex Fa Ha Hi Ho La Lb Li Ma Mi Nu Pf Ri Sb Sd Se Si Sp Ta Xm Ze Zv Zw

Ma: Maximum verändern: Ende der Speicher-Datei ändern.

Mit den Befehlen "Mi" und "Ma" kann man eine Speicher-Datei,die nicht leer ist, einschränken. Mit "Ma" können Sie den oberen Teil der Datei abschneiden oder wieder herstellen. Der Inhalt der Datei wird also nicht tatsächlich verändert,sondern nur ein Zeiger, der auf ein gedachtes Ende der Datei zeigt.

Sie werden anschließend um eine Zahl im gültigen Bereich gebeten. Zur Hilfe werden das Minimum und das Maximum der möglichen Eingabe ausgegeben.

Mi: Minimum verändern: Anfang der Speicher-Datei ändern.

Mit den Befehlen "Mi" und "Ma" kann man eine Speicher-Datei,die nicht leer ist, einschränken. Mit "Mi" können Sie den unteren Teil der Datei abschneiden oder wieder herstellen. Der Inhalt der Datei wird also nicht tatsächlich verändert,sondern nur ein Zeiger, der auf einen gedachtens Anfang der Datei zeigt.

Sie werden anschließend um eine Zahl im gültigen Bereich gebeten. Zur Hilfe werden das Minimum und das Maximum der möglichen Eingabe ausgegeben.

Nu: Null: Lösche den Inhalt der Speicher-Datei.

Mit den Befehlen "Mi" und "Ma" kann man eine Speicher-Datei,die nicht leer ist,einschränken. Mit "Nu" setzen Sie das untere und das obere Ende auf Null. Es scheint so, als ob die Speicher-Datei gelöscht würde. Es werden jedoch nur Zeiger auf den gedachten Anfang und auf das gedachte Ende der Datei auf Null gesetzt.

Pf: Pfad: Ändere den aktuellen Pfad auf der Diskette.

Sie wollen den Pfad oder das Laufwerk ändern. Geben Sie die Bezeichnungen wie im Betriebssystem ein.Existiert der Pfad nicht, so moniert der Rechner Ihre Wahl. Mit "Di"rectory können Sie sich das neue Inhaltsverzeichnis ausgeben lassen.

Ri: Ring: Die Speicher-Datei wird ringförmig aufgebaut.

Wenn Sie über 32000 Zeichen speichern wollen, läuft die Speicher-Datei über. Sie haben zwei Möglichkeiten:
"ring" nicht gesetzt: ab dem 32001. Zeichen wird nichts mehr gespeichert.
"ring" gesetzt: ab dem 32001. Zeichen fängt die Speicherung von vorn an (Ring).Die ersten Zeichen werden wieder überschrieben.

Ob "ring" gesetzt ist oder nicht,erkennen Sie an der Eintragung im "Informationsfenster" oder in der untersten Zeile während des Datenempfangs.

Sb: Speichere den DFÜ-Bildschirm an das Ende der Speicher-Datei.

Das Programm arbeitet hauptsächlich mit zwei Bildschirmseiten: der lokalen Kommandoebene und der DFÜ-Seite. Auf der DFÜ-Seite werden alle gesendeten und empfangenen Zeichen angezeigt.Dieser Befehl speichert diese Bildschirmseite in der Speicher-Datei. Diese kann dann nach Wahl z.B. auf der Diskette gespeichert werden, angezeigt oder auch wieder gesendet werden. Der Befehl wird nur ausgeführt,wenn eine Farbkarte eingebaut ist, weil der gesamte Bildschirmspeicher ab der entsprechenden Adresse kopiert wird. Bei Karten, die nicht Standard-Farbkarten sind, muß folgender Weg gewählt werden:

1. Die Konstanten Farb_Adresse und Laenge entsprechend ändern.
2. Im Hauptprogramm hinter den Initialisierungsprogrammen die Variable farb_da:=true; setzen.
3. In der Prozedur "Speichere_Bildschirm" eine gekennzeichnete Schleife ändern.

Dies gilt auch dann, wenn man bei Nicht-Standard-Farbkarten das schnelle Umschalten der Bildschirmseiten haben möchte.

Sd: Sende den Inhalt einer Disketten-Datei.

Der Inhalt der Datei,die als Speicher-Datei gekennzeichnet ist, wird von der Diskette gelesen und, ohne in die RAM-Speicher-Datei gepackt zu werden, gesendet.Hierbei sind die Punkte zu "auto", "Filter", "Drucker" und "Speicher-Modus" zu beachten.

Falls die Datei nicht existiert, müssen Sie eine neue Datei bezeichnen.Die Übertragung kann jederzeit mit der Tabulator-Taste unterbrochen werden.

Se: Sende den Inhalt der Speicher-Datei.

Der Inhalt der Datei,die als Speicher-Datei gekennzeichnet ist, wird gesendet. Hierbei sind die Punkte zu "auto", "Filter", "Drucker" und "Speicher-Modus" zu beachten.

Falls die Speicher-Datei leer ist, wird der Befehl nicht ausgeführt. Die Übertragung kann jederzeit mit der Tabulator-Taste unterbrochen werden.

Si: Sichere die Parameter-Datei auf Diskette.

Bei der Datenfernübertragung werden viele Parameter benötigt,um das System auf die Bedürfnisse des Benutzers einzustellen.Damit diese Parameter nicht immer wieder erneut eingestellt zu werden brauchen,werden sie in der Parameter-Datei abgespeichert und gegebenenfalls wieder geladen. Zur Erinnerung werden alle bereits existierende Parameter-Dateien im Informationsfenster angezeigt.

Nach der Eingabe von "Si" werden Sie nach dem Namen der Datei gefragt, unter dem sie abgespeichert werden soll. Geben Sie Bezeichnungen ein, wie Sie sie vom DOS-Betriebssystem her gewohnt sind. Fügen Sie bitte **keine** Endung .XXX an, weil das Programm automatisch .PAR anhängt. Existiert die gewählte Datei bereits, wird um Bestätigung für das Überschreiben gebeten.

Sp: Speichere die Speicher-Datei auf Diskette.

Der Inhalt der Speicher-Datei wird auf Diskette gespeichert. Es wird nur der Bereich abgespeichert, der durch "min" und "max" festgelegt und im unteren Bereich des Bildschirms angegeben ist.

Wollen Sie die Speicher-Datei unter einem anderen Namen abspeichern, so müssen Sie vorher mit "Än"dern den Namen wechseln.

Ta: Tabulator.

Die Tabulator-Taste erfüllt drei Funktioen:
1) Lösche bis Fenster-Ende im Änderungsmodus.
2) Springe von der Kommando- zur DFÜ-Seite.
3) Springe von der DFÜ- zur Kommando-Seite.

Die Tabulator-Taste (¦<- ->¦) ist eine der wichtigsten Tasten in diesem Programm. Sie hat drei Funktionen, je nachdem, wo Sie sich im Programm befinden:

1. Sie befinden sich im Änderungs-Modus:
   Die Tabulator-Taste löscht den Inhalt des Fensters ab Cursor-Position bis zum Ende des Fensters.
2. Sie befinden sich auf der Kommandozeile:
   Die Tabulator-Taste schaltet auf die DFÜ-Seite um,so daß Sie mit dem Datentransfer beginnen können. Statt die Tabulator-Taste zu drücken, können Sie auch TA oder ta etc. eingeben.
3. Sie befinden sich auf der DFÜ-Seite:
   Die Tabulator-Taste schaltet auf die Kommando-Seite um, so daß Sie Befehle an den Rechner geben können.

XM: XModem: Datei-Übertragung nach dem XModem Protokoll.

"XModem" ist die Bezeichnung für eine spezielle Übertragung einer Datei.Hierbei werden Blöcke zu je 128 Bytes übertragen. Die Übertragung beginnt mit #1, einer Blocknummer und dem Einerkomplement der Blocknummer. Sie endet mit einem Byte,das folgenden Wert hat:$\sum$(ord(Zeichen)) mod 256. Die Übertragung erfolgt asynchron mit 8 Datenbits, ohne Parität mit einem Stoppbit.
"XModem" schaltet "auto" ab. Wenn "XModem" eingeschaltet ist, wird oberhalb der Befehlszeile im Informationsfenster "XMod" angezeigt.Beim Empfang unter "XModem"-Protokoll wird keine Prüfung durchgeführt.Sie erfolgt erst anschließend unter folgenden Bedingungen:

1. Nur wenn "Speichern Empfang" gesetzt und die Speicher-Datei nicht leer ist.
2. Nur wenn einer der folgenden drei Befehle gegeben wird:
   α) "XModem" wird abgestellt.
   ß) Die Speicher-Datei wird mit "ZE" gezeigt.
   τ) Die Speicher-Datei wird auf Diskette geschrieben.
   Es finden dann folgende Kontrollen und Veränderungen statt:

1. Das Prüfbyte wird auf Richtigkeit überprüft.
2. Die Blocklängen (128) werden überprüft.
3. Die Zeichen #1, Blocknummer, Einerkomplement der Blocknummer und das Prüfbyte werden entfernt.Die Speicherdatei wird entsprechend zusammengeschoben ("crunching").Vorkommende Fehler werden angezeigt.

Ze: Zeige den Inhalt der Speicher-Datei.

Der Inhalt der Speicher-Datei wird aufgelistet. Dieses kann jederzeit per Tastendruck unterbrochen werden.

Zv: Zeilenvorschub nach jedem RETURN ein-/ausschalten.

Sie geben eine Zeile über Ihre Tastatur ein und schließen sie mit RETURN ab.Auf Ihrem Bildschirm springt die Lichtmarke (Cursor) an den Anfang der nächsten Zeile. Dies bewirkt der im Programm eingebaute Lesebefehl. Wird diese Zeile aber an den Partner geschickt, so empfängt er nur das Zeichen, das dem RETURN entspricht: #13. #13 bedeutet jedoch nur Wagenrücklauf.Der Cursor springt beim Partner an den Anfang der gleichen Zeile zurück. Dies ist natürlich nicht erwünscht.Sie können deshalb mit "ZV" an jedes RETURN ein LINEFEED #10 (Zeilenvorschub) anhängen. Hierdurch springt der Cursor an den Anfang der nächsten Zeile.

"ZV" schaltet "ZV" auch wieder ab. Unterhalb der Kommandozeile wird der Zustand dieses Schalters angezeigt. "ZV" wirkt nur bei Eingabe von der Tastatur aus. Beim Transfer eines Turbo-Pascal Quelltextes muß "ZV" ausgeschaltet sein !

Zw: Empfangene Zeichen aus Zeitgründen nicht darstellen.

Wenn die Übertragungsgeschwindigkeit mehr als 300 Baud beträgt, wird das Programm zu langsam, um die Zeichen zu analysieren, zu filtern, abzuspeichern und auf dem Bildschirm darzustellen.Dies gilt nicht, wenn die Daten zwar mit hoher Übertragungsgeschwindigkeit, aber nur über die (langsame) Tastatur vom Sender eingegeben werden. Erfolgt der Datentransfer jedoch automtisch (z. B. wenn eine Datei übertragen wird), muß der Empfang rationalisiert werden. Arbeiten beide Rechner mit diesem Programm **Verbindung**, dann braucht der Befehl "Zw" nicht benutzt zu werden.

Wenn "ZW" (Zeichen weg) eingeschaltet wird, gelten folgende Bedingungen:

- Die empfangene Zeichen werden nicht auf dem Bildschirm dargestellt, weil die benötigte Zeit beim LINEFEED und beim SCROLLING (wenn der Bildschirm voll ist) zu groß ist und die ersten zwei bis drei Zeichen am Anfang einer Zeile verloren gehen. Eine andere Lösung, um dies zu vermeiden, ist, bei hohen Übertragungsgeschwindigkeiten und Dateientransfer am Beginn jeder Zeile 3 Leerzeichen einzufügen.
- Unterhalb der Kommandozeile wird der Zustand dieses Schalters angezeigt.
- LINEFEED wird nach jedem RETURN abgeschaltet.
- Der Empfang wird wie üblich mit TAbulator gestartet.
- Die Tabulatortaste unterbricht den Empfang.
- Die Filterung der Daten erfolgt nach dem Drücken der Tabulatortaste.
- Alle empfangenen Zeichen werden automatisch in der Speicherdatei gespeichert.
- Bei erneuter Eingabe von "ZW" schaltet "ZW" sich wieder ab.
- Das Ende der Datei-Übertragung kann nur am Geräusch des Akustik-Kopplers oder durch das Leuchten der Diode "RD" erfaßt werden.

11.2 Die Programmiertechnik in Turbo-Pascal

11.2.1 Eigenheiten von Turbo-Pascal

Turbo-Pascal verfügt gegenüber dem Standard- oder UCSD-Pascal über einige Funktionen, die den Zugriff auf bestimmte Speicher erleichtern. Hierzu gehören die beiden Befehle

```
Wert:=Port[Adresse];          { Lesen eines Speichers.         }
Port[Adresse]:=Wert;          { Beschreiben eines Speichers. }
```

Eine besondere Stärke von Turbo-Pascal ist der leichte Zugriff auf die Register der CPU 8088. Durch Vorbelegung der Register und anschließendem Aufruf der MsDos-Prozeduren können wichtige Angaben zun System erfragt werden. Ein Beispiel ist die Systemuhrzeit.

Pascal-Programm UhrZeit

```
program UhrZeit;

Const time  = $2C00;          {Adresse der System-Zeit  }

Type RegRec = record
        AX, BX, CX, DX, BP, SI, DI, DS, ES, Flags : Integer;
     end;

begin
   regs.ax:=time;
   MsDos(regs);
   write(hi(regs.cx):2,':',lo(regs.cx):2,':',hi(regs.dx):2);
end.
```

Auf ähnliche Art können Angaben zur Videokarte, zur Speichergröße in RAM, zum Drucker- und Diskettenstatus sowie zur seriellen Schnittstelle gewonnen werden.

11.2.2 Erläuterungen zur Overlay-Technik

Das Programm mit ca. 4000 Zeilen ist zu umfangreich, als daß es von Turbo-Pascal auf einmal gehalten werden könnte. Der Editor wird durch sogenannte "Include-Files" überlistet. Aber auch der Compiler kann nur 64 Kbyte Code-File halten. Eine Lösung, die hier benutzt wird, ist, seltener auftretende Programmteile, die
α) zeitunkritisch,
ß) in sich abgeschlossen und
τ) hintereinander liegen
als Overlays zu organisieren. Solche Prozeduren und Funktionen beginnen mit dem Wort "overlay". Aufeinanderfolgende kompilierte Overlays werden in eigenen Dateien abgelagert, die mit .000 durchnumeriert werden. Bei Programmstart werden sie nicht geladen, sondern bei tatsächlichem Aufruf. In einer Datei gespeicherte Prozeduren benötigen nur soviel Speicherplatz im Codesegment, wie die größte von ihnen. Werden Overlay-Prozeduren in einem Programm von Nicht-Overlay-Prozeduren unterbrochen, wird eine neue Overlay-Datei angelegt. Eine große Speicherplatzreduzierung tritt also nur dann auf,wenn die Overlay-Prozeduren ununterbrochen in Folge auftreten.

Overlays haben drei Nachteile:

- Sie werden immer von Diskette nachgeladen (zeitaufwendig). Deshalb darf die Diskette nicht entfernt werden.
- Eine Overlay-Prozedur kann nur dann eine andere Overlay-Prozedur in der gleichen Overlay-Datei aufrufen, wenn kein Rücksprung zur ersten erfolgt, weil deren Code-Segment von der neuen überschrieben wird (oder überschrieben werden kann).
- Die Fehlersuche bei Runtime-Fehlern in Overlay-Prozeduren ist schwieriger.

Das Programm "Verbindung" benutzt Overlays für den größten Teil des Hilfe-Systems. Deshalb gilt:

- Bei Aufruf des Hilfe-Systems muß die Diskette sich im aktuellen Laufwerk befinden.
- Es erfolgt dann ein Diskettenzugriff.

11.2.3 Erläuterungen zur Bildschirmspeicherung

Das Programm benutzt drei Bildschirmseiten, die abwechselnd umgeschaltet werden:

- die Kommando-Seite,
- die DFÜ-Seite und
- die Hilfe-Seiten.

Dies geschieht normalerweise so, daß der Bildschirm mit clrscr gelöscht und danach beschrieben wird. Diese Prozedur ist zeitaufwendig. Sofern der neue Inhalt der Bildschirmseite bereits vorher irgendwann aufgebaut wurde, ist es eleganter, diesen Inhalt zu speichern und dann wieder hervorzuholen.Das Abspeichern und das Lesen von kompletten Speicherblöcken in andere geht so schnell, daß der Benutzer glaubt, es geschehe ohne Zeitaufwand.

Das Umschalten dieser Seiten erfolgt in Abhängigkeit von der Videokarte. Haben Sie eine Standard-Farbkarte eingebaut,so stehen dem Programm 16 Kbyte Video-Speicher zur Verfügung. Jeweils 4 Kbyte werden für eine Textseite benötigt. Der Inhalt der aktuellen Bildschirmseite wird auf eine der vier Seiten kopiert und die benötigte Bildschirmseite hereingeholt. Dies erfolgt so schnell, daß die beschriebene Seite sofort zur Verfügung steht.

Lautet der Videomodus AL = 3,so wird der Schalter "farb_da" gesetzt,und das Umschalten der Bildschirmseiten erfolgt durch Kopieren der Speicherplätze wie beschrieben.

Bei allen anderen Videokarten werden die Seiten neu beschrieben.

11.2.4 Der Bildschirm-Editor

Der Bildschirmeditor besteht aus zwei Prozeduren. Die erste regelt die Position der einzelnen Fenster und die Länge des einzugebenden Textes sowie die Bewegung des Cursors von Fenster zu Fenster (procedure editieren).Die zweite bestimmt den erlaubten Zeichensatz und die Bewegung des Cursors im Fenster (procedure lesen). Das Beispiel steht für einen vollen Bildschirm-Editor. Es existiert jedoch kein Übertrag von Zeile zu Zeile.

Pascal-Programm Bildschirm_Editor

```
program Bildschirm_Editor

const editier_ende              = '#';
      cursor_links              = #75;     { verschiedene Tasten }
      cursor_rechts             = #77;
      cursor_erase              = #83;
      loeschen_links            = #8;
      loeschen_bis_Zeilenende   = #9;
      cursor_unten              = #80;
      cursor_oben               = #72;
      return                    = #13;
      cursor_top                = #71;
      cursor_bottom             = #79;

type str79=string[79];
     menge=set of char;

var einfuegen,curs:boolean;
    i:integer;

{$v-}
procedure lesen (var s               : str79;
                     l,x,y           : integer;
                     Steuerzeichen   : menge;
                 var Eingabe         : char;
                     Stelle          : integer);
```

```
const strich = ' ';

var p,z          : integer;
    zeilenende : boolean;
    Buchstabe  : char;


procedure Buchstaben_schreiben;
begin
   if p<l then                              { Buchstabe schreiben. }
   begin
      if length(s)=l then delete(s,l,1);
      p:=p+1;
      insert (Buchstabe,s,p);
      if not einfuegen then delete(s,P+1,1);
      write(copy(s,p,l-p));
   end;
end;

function conststr (c:char; n:integer): str79;
var s :str79;
begin
   if n<0 then n:=0;
   s[0]:=chr(n);
   fillchar(s[1],n,c);
   conststr:=s;
end;

begin
   zeilenende:=false;
   gotoxy(x,y);
   write(S,conststr(strich,l-length(s)));
   p:=0;
   repeat
      gotoxy(x+p,y);
```

```
read(kbd,Buchstabe);
case Buchstabe of
   loeschen_links:if p>0 then {löscht 1 Zeichen links}
                  begin
                     delete(s,p,1);
              write(loeschen_links,copy(s,p,l-p),strich);
                     p:=p-1;
                  end;
   loeschen_bis_Zeilenende:
                  begin {löscht alles ab Cursor bis Ende}
                     write(conststr(strich,l-p));
                     delete(s,p+1,l);
                   end;
   #32..#255:if buchstabe<>editier_ende then
             Buchstaben_schreiben;
end;  { case }
curs:=false;
if buchstabe in [return,editier_ende] then curs:=true;
if buchstabe=#27 then
begin
   read(kbd,buchstabe);
   curs:=true;
   case buchstabe of
      #82:einfuegen:=not einfuegen;
      cursor_links :if p>0 then p:=p-1 else
                    zeilenende:=true;
                    { Cursor ein Zeichen zurück }
      cursor_rechts:if p<length(s) then p:=p+1;
                    { Cursor ein Zeichen weiter }
      cursor_erase :if p<length(s) then
                    { löscht Zeichen unter dem Cursor }
                    begin
                       delete(s,P+1,1);
                       write(copy(s,p+1,l-p),strich);
                     end;
   end {case};
end;
```

```
    if curs and (buchstabe=cursor_rechts) and (p=length(s))
    then zeilenende:=true;
  until ((Buchstabe in Steuerzeichen) and curs) or zeilenende;
  for z:= length(s)+1 to l{aenge} do s:=s+' ';
  gotoxy(x,y);
  write(s);
  Eingabe:= Buchstabe
end;

procedure editieren;

const x                          = 1;
      Steuerzeichen : menge = [editier_ende,cursor_top,return,
                         cursor_unten,cursor_oben,cursor_bottom];

var  c             : array[1..25] of str79;
     stelle,
     zuwachs       : integer;
     Eingabe       : char;

begin
  for i:=1 to 25 do c[i]:='
                                                    ';
  stelle:=1;
  repeat
    lesen(c[stelle],79,x,stelle,Steuerzeichen,Eingabe,Stelle);
    zuwachs:=1;
    if (Eingabe=cursor_oben) and curs then zuwachs:=-1;
    if (Eingabe=cursor_links) and curs then zuwachs:=-1;
    stelle:=stelle+zuwachs;
    if (Eingabe = cursor_top) and curs then stelle:=1;
    if (Eingabe = cursor_bottom) and curs then stelle:=25;
    if stelle < 1 then stelle:=25;
    if stelle > 25 then stelle:=1;
  until Eingabe = editier_ende;
end;
{$v+}
```

```
begin                                    { Hauptprogramm }
  clrscr;
  curs:=false;
  einfuegen:=false;
  editieren;
end.
```

11.2.5 Die Diskette

Das Programm im Quelltext kann vom Verlag bezogen werden. Die 360 Kbyte 5,25"-Diskette enthält die Texte

- **Verbindu.Pas,**
- **Verbind1.Pas,**
- **Verbind2.Pas** und die Parameter-Dateien
- Standard.Par,
- Dss.Par sowie die Speicher-Datei
- TextDemo.Pas.

Laden Sie mit Ihrem Turbo-Pascal-Editor das Haupt-Programm **Verbindu.Pas** , **Verbind1.Pas** und **Verbind2.Pas** sind sogenannte Include-Files, die vom Hauptprogramm an geeigneter Stelle eingefügt werden. Stellen Sie mit der Option O den Compiler of "c" für Com-File und kompilieren Sie das Programm. Es enthält knapp 4000 Zeilen und der Compiler benötigt einige Zeit für die Übersetzung. Danach befinden sich auf der Diskette noch zusätzlich zwei Files:

- **Verbindu.Com** und
- **Verbindu.000.**

Sie können das Programm jetzt jederzeit vom Betriebssystem aus mit "Verbindung" starten.

Ihr Rechner sollte mindestens 256 Kbyte RAM besitzen.

12 Das Gesamtprogramm „Verbindung“

Pascal-Programm Verbindung

```
{$C-}
program VERBINDUNG_K_Tillmann_1987;

const hintergrund              = blue;       { Hintergrundfarbe }
      editier_ende             = '#';
      cursor_links             = #75;     { verschiedene Tasten }
      cursor_rechts            = #77;
      cursor_erase             = #83;
      loeschen_links           = #8;
      loeschen_bis_Zeilenende = #9;
      tabulator                = #9;
      cursor_unten             = #80;
      cursor_oben              = #72;
      return                   = #13;
      linefeed                 = #10;
      cursor_top               = #71;
      cursor_bottom            = #79;
      pageup                   = #73;
      pagedown                 = #81;
      time                     = $2C00;      { Adresse für Zeit }
      status_drucker           = $379;       { Status-Register  }
      maximal                  = 32000;      { Speicher-Datei   }
      Farb_Adresse             = $B800;      { Farb-Adapter     }
      Laenge                   = $1000;      { Bildschirmseite  }
      Groesse                  = $0100;

type str1  = string[1];
     str2  = string[2];
     str3  = string[3];
     str4  = string[4];
     str5  = string[5];
```

```
    str12 = string[12];
    str15 = string[15];
    str20 = string[20];
    str40 = string[40];
    str60 = string[60];
    str80 = string[80];
    str120 = string[120];
    menge = set of char;
    Bildschirm=(erste_seite,
                  zweite_seite,dritte_seite,vierte_seite);

    RegRec = record AX, BX, CX, DX, BP, SI, DI, DS, ES, Flags
                                                  : Integer;
    end;

    param = record baud,
                stoppbit,
                datbit:integer;
                parity,
                duplex:str4;
                port:integer;
                telefon:str15;
                texte:str40;
                speicherdatei:str12;
                filter_in:array[1..6,1..2] of integer;
                filter_out:array[1..6,1..2] of integer;
                ft,
                ft_shift,
                ft_ctrl,
                ft_alt:array[1..10] of str60;
                farben:array[1..6] of char;
    end;

var i,j,k,l,m,stelle,anzahl,xpos,ypos,xpos3,ypos3,
   xpos4,ypos4,zahl,vorwaerts,param_aktuell,param_nummer,
   max_speicher,min_speicher,max_maximal,
```

```
    farbe_rahmen,farbe_daten,farbe_text,halten,
    Summe,XM_Zaehler,Block_Nummer,farbe_befehl,farbe_info,
    farbe_dfue,hilf_datbit,hilf_stoppbit,daten,interrupt_set,
    intrpt_erkennen,line_control,modem_control,line_status,
    modem_status,Kontrolle,Modus,Interr,Status:integer;
    hilf_par:str4;
    wahl,waehlen,wahlstring:str120;
    Eingabe,c,ch : char;
    text_seite,schon_da,einzeln,datei_existiert,hilf,
    Zeichen_weg,curs,einfuegen,fang_in,fang_out,geaendert,
    Zeilen_Vorschub,XModem,aut,voll,nomaske,expert,ring,stopp,
    farb_da,druck_da,ser_da,speicher,printer:boolean;
    str_port,dateiname:str20;
    param_file:array[1..10] of str15;
    parameter:param;
    p:file of param;
    f:file of char;
    platz:array[1..maximal] of char;
    Regs:RegRec;
    Steuerzeichen:menge;

{$v-} { Stringlänge nicht beachten }
procedure gross(var zeichen_kette:str120;anfang,laenge:integer);
begin
   for i:=anfang to laenge do
   begin
      zeichen_kette[i]:=upcase(zeichen_kette[i]);
      if zeichen_kette[i]='ä' then zeichen_kette[i]:='Ä';
      if zeichen_kette[i]='ö' then zeichen_kette[i]:='Ö';
      if zeichen_kette[i]='ü' then zeichen_kette[i]:='Ü';
   end;
end;
{$v+}
```

```
procedure drucker;
begin
   printer:=true;
   gotoxy(1,23);
   textcolor(farbe_info);
   write('drucken: ja    ');
   textbackground(black);
end;

procedure kein_drucker;
begin
   printer:=false;
   gotoxy(1,23);
   textcolor(farbe_info);
   write('drucken: nein ');
   textbackground(black);
end;

procedure invertiere(n:integer);
begin
   einfuegen:=not einfuegen;
   if pos('ÄN',wahl)>0 then
   begin
      gotoxy(37,20+n);
      textcolor(farbe_info);
      textbackground(hintergrund);
      write('Textverarbeitung (INSERT-Taste): ');
      if einfuegen then write('einfügen')
      else write('löschen ');
      textbackground(black);
   end;
end;

procedure kasten(n:integer);   { Rahmen für Experten-Menükarte }
begin
   textbackground(black);
```

```
   clrscr;
   gotoxy(1,n);
   textcolor(red);
   write('┌─────────────────────────────────────────────');
   writeln('──────────────────────────────┐');
   write('│                                             ');
   writeln('                              │');
   write('├─────────────────────────────────────────────');
   writeln('──────────────────────────────┤');
   for i:=1 to 7 do
   write('│                                             ');
   write('                            │');
   write('├─────────────────────────────────────────────');
   writeln('──────────────────────────────┤');
   write('│                                             ');
   write('                            │');
   write('└─────────────────────────────────────────────');
   writeln('──────────────────────────────┘');
   gotoxy(2,1+n);
   textcolor(yellow);
   write('Datenfernübertragung  Klaus-Dieter Tillmann 1987');
   write('   Friedr. Vieweg & Sohn');
end;


procedure anfaenger;                    { Menükarte für Anfänger }
begin
   Kasten(1);
   gotoxy(2,4);
   textbackground(hintergrund);
   write('En');
   textbackground(black);write(' - de des Programms');
   gotoxy(2,6);
   textbackground(hintergrund);
   write('Hi');
   textbackground(black);
```

```
   write(' - lfe     : Sie bekommen alle Hilfen aufgelistet.');
   gotoxy(2,7);
   textbackground(hintergrund);
   write('Li');
   textbackground(black);
   write(' - sten    : Listen Sie alle Abkürzungen der ');
   write('Befehle auf.');
   gotoxy(2,9);
   textbackground(hintergrund);
   write('Ta');
   textbackground(black);
   write(' - bulator: Starten Sie die Übertragung per');
   write(' Tastatur.');
   gotoxy(2,10);
   textbackground(hintergrund);
   write('Ex');
   textbackground(black);
   write(' - perte   : Schalten Sie auf das "Exper');
   write('tensystem" um.');
end;

function conststr (c:char; n:integer): str120;
var s:str120;
begin
   if n < 0 then n:= 0;
   s[0] := chr(n);
   fillchar(s[1],n,c);
   conststr:= s;
end;

{$v-}
procedure texte_editieren (var s         : str120;
                               l,x,y         : integer;
                               Steuerzeichen : menge;
                           var Eingabe       : char;
                               Stelle        : integer);
```

```
const strich = ' ';

var p,z        : integer;
    zeilenende : boolean;
    Buchstabe  : char;


procedure farbe;
begin
   if stelle<11 then
   begin
      textbackground(black);
      textcolor(farbe_info);
   end else
   begin
      if expert then
      begin
         textbackground(hintergrund);
         textcolor(farbe_befehl);
      end else
      begin
         textcolor(yellow);
         textbackground(black);
      end;
   end;
end;

procedure Buchstaben_schreiben;
begin
   if p<l then                            { Buchstabe schreiben. }
   begin
       if length(s)=l then delete(s,l,1);
       p:=p+1;
       insert (Buchstabe,s,p);
       if not einfuegen then delete(s,P+1,1);
       if expert then i:=l else i:=40-p;
```

```
      write(copy(s,p,i));
   end;
end;

begin
  zeilenende:=false;
  gotoxy(x,y);
  farbe;
  if expert then write(S,conststr(strich,l-length(s)));
  p:=0;
  repeat
    farbe;
    gotoxy(x+p,y);
    read(kbd,Buchstabe);
    case Buchstabe of
       loeschen_links:if p>0 then    { löscht 1 Zeichen links }
                      begin
                         delete(s,p,1);
                         if expert then i:=l else i:=40-p;
                         write(loeschen_links,
                                                  copy(s,p,i),strich);
                         p:=p-1;
                      end;
      loeschen_bis_Zeilenende:begin
                                 if stelle<11 then
                                 begin
                     { löscht alles ab Cursor bis Eingabeende }
                                    if expert then i:=l-p
                                    else i:=40-p;
                                    write(conststr(strich,i));
                                    delete(s,p+1,l);
                                 end else
                                 begin
                                    s:='TAbulator';
                                    buchstabe:=return;
                                 end;
```

```
                              end;
#32..#255
   :if buchstabe<>editier_ende then Buchstaben_schreiben;
end;  { case }
curs:=false;
if buchstabe in [return,editier_ende] then curs:=true;
if buchstabe=#27 then
begin
   read(kbd,buchstabe);
   curs:=true;
   case buchstabe of
    ';'..'D':begin
                 s:=copy(s,1,p)+
                          parameter.ft[ord(buchstabe)-58];
                 s:=copy(s,1,60);
                 Buchstabe:=return;
              end;
    'T'..']':begin
                 s:=copy(s,1,p)+
                    parameter.ft_shift[ord(buchstabe)-83];
                 s:=copy(s,1,60);
                 Buchstabe:=return;
              end;
    '^'..'g':begin
                 s:=copy(s,1,p)+
                     parameter.ft_ctrl[ord(buchstabe)-93];
                 s:=copy(s,1,60);
                 Buchstabe:=return;
              end;
    'h'..'q':begin
                 s:=copy(s,1,p)
                    +parameter.ft_alt[ord(buchstabe)-103];
                 s:=copy(s,1,60);
                 Buchstabe:=return;
              end;
    #82:invertiere(5);
```

```
          cursor_links   : if p>0 then
                           p:=p-1 else zeilenende:=true;
                                   { Cursor ein Zeichen zurück }
          cursor_rechts  : if p<length(s) then p:=p+1;
                                   { Cursor ein Zeichen weiter }
          cursor_erase   : if p<length(s) then
                              { löscht Zeichen unter dem Cursor }
                           begin
                              delete(s,P+1,1);
                              if expert then i:=l-p
                              else i:=40-p;
                              write(copy(s,p+1,i),strich);
                            end;
      end {case};
    end;
    if curs and (buchstabe=cursor_rechts) and (p=length(s))
    then zeilenende:=true;
  until ((Buchstabe in Steuerzeichen) and curs) or zeilenende;
  for z:= length(s)+1 to l do s:=s+' ';
  gotoxy(x,y);
  if (stelle<11) and expert then write(s);
  Eingabe:= Buchstabe
end;
{$v+}

procedure maske1;
begin
   if not nomaske then clrscr else gotoxy(1,1);
   textcolor(farbe_rahmen);
   textbackground(black);
   write('┌──────────────────────┬─                    ─┬');
   writeln('─────────────────────────┐');
   write('│                      └───────────────────────┤');
   writeln('                          │');
   write('│                                              │');
   writeln('                          │');
```

```
    write('└──────────────────────────────────────────────────┴');
    writeln('────────────────────────────┘ ');
    write('┌────────────┬────────────┬──────                      ');
    writeln(' ─┬────────────┬────────────┐ ');
    write('│            │            │            │          ');
    writeln(' │            │            │');
    write('└────────────┴────────────┴────────────┴──────────');
    writeln('─┴────────────┴────────────┘ ');
    write('┌────────────┬────────────┬────                    ─');
    writeln('─┬────────────┬────────────┐ ');
    write('│     »      │     »      │     »      │     »    ');
    writeln(' │     »      │     »      │');
    write('├────────────┼────────────┼────                    ─');
    writeln('─┼────────────┼────────────┤ ');
    write('│     »      │     »      │     »      │     »    ');
    writeln(' │     »      │     »      │');
    write('└────────────┴────────────┴────────────┴──────────');
    writeln('─┴────────────┴────────────┘ ');
    write('┌────────────┬────────────┬────────        ───────');
    writeln('─┬────────────┬────────────┐ ');
    write('│            │            │            │          ');
    writeln(' │            │            │');
    write('└────────────┴────────────┴────────────┴──────────');
    writeln('─┴────────────┴────────────┘ ');
    write('┌────────────┬──              ────────────────');
    writeln('─┬────              ───┐ ');
    write('│            │            │            │          ');
    writeln(' │            │            │');
    write('└────────────┴────────────┴────────────┴──────────');
    writeln('─┴────────────┴────────────┘ ');
end;

procedure maske2; { Werte der Übertragungsparameter Exp.-Menü }
begin
    textcolor(farbe_daten);
    textbackground(black);
```

```
  with parameter do
  begin
     gotoxy(10,2);write(telefon);
     gotoxy(10,3);write(texte);
     gotoxy(67,2);write(copy(param_file[param_aktuell],1,12));
     i:=length(param_file[param_aktuell]);
     for j:=i+1 to 12 do write(' ');
     gotoxy(67,3);write(copy(speicherdatei,1,12));
     i:=length(speicherdatei);
     for j:=i+1 to 12 do write(' ');
     gotoxy(2,6);write(baud:4);
     gotoxy(16,6);write(stoppbit:1);
     gotoxy(29,6);write(datbit:1);
     gotoxy(42,6);write(parity);
     gotoxy(55,6);write(duplex);
     gotoxy(74,6);if ser_da then write(port:1);
     for i:=1 to 6 do
     begin
        gotoxy(3+13*(i-1),9);
        write(filter_in[i,1]:3);
        gotoxy(9+13*(i-1),9);
        write(filter_in[i,2]:3);
        gotoxy(3+13*(i-1),11);
        write(filter_out[i,1]:3);
        gotoxy(9+13*(i-1),11);
        write(filter_out[i,2]:3);
     end;
     gotoxy(62,17);
     if fang_in then write('JA  ') else write('NEIN');
     gotoxy(75,17);
     if fang_out then write('JA  ') else write('NEIN');
  end;
end;
```

```
procedure maske3;   { Bezeichnungen in der Experten-Menükarte }
begin
   textcolor(farbe_text);
   textbackground(black);
   gotoxy(28,1);write('DFÜ K. Tillmann 1987');
   gotoxy(2,2);write('Telefon:');
   gotoxy(51,2);write('Parameter-Datei:');
   gotoxy(2,3);write('Text    :');
   gotoxy(51,3);write('Speicher -Datei:');
   gotoxy(30,5);write('Übertragungsparamter');
   gotoxy(8,6);write('Baud');
   gotoxy(18,6);write('Stoppbits');
   gotoxy(31,6);write('Datenbits');
   gotoxy(47,6);write('Parity');
   gotoxy(60,6);write('Duplex');
   gotoxy(68,6);if ser_da then write('Port') else
   begin
      gotoxy(67,6);
      textcolor(farbe_text+blink);
      write('kein Port da');
      textcolor(farbe_text);
   end;
   gotoxy(33,8);write('Empfangs-Filter');
   gotoxy(33,10);write(' Sende - Filter');
   gotoxy(37,13);write('Farben');
   gotoxy(18,16);write('Funktionstasten');
   gotoxy(60,16);write('Speicher-Modus');
   gotoxy(2,17);write('  F1 - F10');
   gotoxy(15,17);write('ShiftF1-F10');
   gotoxy(28,17);write('Ctrl F1-F10');
   gotoxy(41,17);write(' Alt F1-F10');
   gotoxy(54,17);write('Empfang:');
   gotoxy(67,17);write('Senden :');
   textcolor(farbe_rahmen);
   gotoxy(2,14);write(' Rahmen');
   textcolor(farbe_daten);
```

```
   gotoxy(15,14);write(' Daten');
   textcolor(farbe_text);
   gotoxy(28,14);write(' Text');
   textcolor(farbe_info);
   gotoxy(41,14);write('Information');
   textcolor(farbe_befehl);
   gotoxy(54,14);write(' Befehle');
   textcolor(farbe_dfue);
   gotoxy(67,14);write(' DFÜ-Seite');
   textcolor(farbe_daten);
end;

procedure maske4a;    { Befehlszeile und "Informationsfenster" }
begin
   textcolor(farbe_befehl);
   textbackground(hintergrund);
   if expert then
   begin
      gotoxy(1,24);
      write('Befehl:                                         ');
      write('                                ');
      if not Zeilen_Vorschub and not Zeichen_weg then
      begin
         textbackground(black);
         gotoxy(1,25);
         write('Wichtige Befehle: ');
         textbackground(red);
         write('HI');
         textbackground(black);
         write('lfe  ');
         textbackground(red);
         write('EN');
         textbackground(black);
         write('de  ');
         textbackground(red);
```

```
        write('TAB');
        textbackground(black);
        write('taste=Start DFÜ  ');
        textbackground(red);
        write('ÄN');
        textbackground(black);
        write('dern der Parameter  ');
        textbackground(red);
        write('LI');
        textbackground(black);
        write('ste');
    end;
end;
if Zeilen_Vorschub or Zeichen_weg then
begin
    gotoxy(1,25);
    textbackground(black);
    textcolor(farbe_befehl+blink);
    if Zeichen_weg then
    write('Warnung! Empfangene Zeichen werden nicht');
    write(' dargestellt.                         ');
    textcolor(farbe_befehl);
    if Zeilen_Vorschub then
    write('Jedem durch die Tastatur eingegebenem RETURN');
    write(' folgt ein Zeilenvorschub.         ');
end else if not expert then
begin
    gotoxy(1,25);
    textbackground(black);
    textcolor(yellow);
    write('                                                   ');
    write('                               ');
end;
gotoxy(1,23);
if not expert then textbackground(black);
if expert then textcolor(farbe_info) else textcolor(yellow);
write('drucken: ');
```

```
  if printer then write('ja    ') else write('nein ');
  gotoxy(16,23);
  if aut or XModem then
  begin
     if aut then write('auto');
     if XModem then write('XMod');
  end else write('    ');
  gotoxy(23,23);
  write('speichern: ');
  if speicher then
  begin
     if ring then write('ja-Ring') else write('ja      ');
  end else write('nein    ');
  gotoxy(43,23);
  write('Speicher:',min_speicher,' bis ',max_speicher,'=');
  write('max_speicher-min_speicher,' Zeichen');
  clreol;
  textbackground(black);
end;


procedure maske1a;
begin
   if expert then maske1 else anfaenger;
end;

procedure maske2a;
begin
   if expert then maske2;
end;

procedure maske3a;
begin
   if expert then maske3;
end;
```

```
procedure Kopiere_Bildschirm(Quelle,Ziel:Bildschirm;x,y:integer);

var Bild,wohin :integer;

begin
   if Ziel=vierte_Seite then
   begin
      xpos4:=wherex;
      ypos4:=wherey;
   end;
   if Ziel=dritte_Seite then
   begin
      xpos3:=wherex;
      ypos3:=wherey;
   end;
   if (Ziel=erste_Seite) or (Ziel=zweite_Seite) then
   begin
      xpos:=wherex;
      ypos:=wherey;
   end;
   Bild:=Ord(Quelle)*Groesse+Farb_Adresse;
   wohin:=Ord(Ziel)*Groesse+Farb_Adresse;
   IF Quelle<>Ziel then
   move(mem[Bild:0000],mem[wohin:0000],Laenge);
   gotoxy(x,y);
   if (ziel=erste_seite) and text_seite then maske4a;
end;


procedure info_feld_leeren;
begin
   textbackground(black);
   window(1,19,80,22);
   clrscr;
   window(1,1,80,25);
end;
```

```
procedure Uhr(x,y,x1:integer);
begin
   if expert then
   begin
      textcolor(farbe_befehl);
      textbackground(hintergrund);
   end;
   repeat
       regs.ax:=time;
       MsDos(regs);
       gotoxy(x,y);
       write(hi(regs.cx):2,':',lo(regs.cx):2,':');
       write(hi(regs.dx):2);
       gotoxy(x1,y);
       delay(300);
   until keypressed;
   gotoxy(x1,y);
   if expert then clreol;
end;

procedure kuerzen(x,y:integer);           { Leerzeichen am Ende }
begin                                     { von WAHL entfernen. }
   i:=41;
   repeat
      i:=i-1;
      if copy(wahl,i,1)=' ' then wahl:=copy(wahl,1,i-1);
   until (i=2) or (copy(wahl,i,1)<>' ');
   gross(wahl,1,2);
   gotoxy(x,y);
   write(wahl);
   waehlen:=copy(wahl,1,2);
   if pos(waehlen,wahlstring)=0 then
   begin
      gotoxy(x,y);
      write(chr(7));
      textcolor(farbe_befehl+blink);
```

```
      write(' Dieser Befehl ist nicht erlaubt.');
      if expert then textcolor(farbe_befehl)
      else textcolor(yellow);
      delay(3000);
      gotoxy(x,y);
      write('                                  ');
   end else
   begin
      gotoxy(x,y);
      textcolor(farbe_befehl+blink);
      write(' bitte warten......               ');
      if expert then textcolor(farbe_befehl)
      else textcolor(yellow);
   end;
   textbackground(black);
end;

procedure menue_anfaenger(x,y:integer);
begin
   textbackground(black);
   gotoxy(1,24);
   clreol;
   textcolor(yellow);
   gotoxy(2,y);
   write('Bitte wählen Sie:                       ');
   Uhr(70,y,x);
   stelle:=12;
   wahl:='                                                     ';
   wahl:=wahl+'            ';
   texte_editieren(wahl,60,x,y,Steuerzeichen,Eingabe,Stelle);
   kuerzen(x,y);
end;
```

```
procedure menue_experte;
begin
   textbackground(hintergrund);
   gotoxy(8,24);
   clreol;
   Uhr(70,24,8);
   stelle:=12;
   wahl:='                                                ';
   wahl:=wahl+'            ';
   texte_editieren(wahl,60,8,24,Steuerzeichen,Eingabe,Stelle);
   kuerzen(8,24);
end;

procedure halt1;

var antwort:char;
    xpo,ypo:integer;

begin
    xpo:=wherex;
    ypo:=wherey;
    normvideo;
    repeat
       gotoxy(1,25);
       textbackground(blue);
       textcolor(white+16);
       write('                              Weiter = ');
       textcolor(white);
       write('<Leertaste>                            ');
       gotoxy(1,25);
       read(kbd,antwort);
    until antwort in [#27,#32];
    textbackground(black);
    gotoxy(xpo,ypo);
    schon_da:=false;
end;
```

```
procedure top;                                        { Überschrift }
begin
   textbackground(black);
   clrscr;
   textbackground(hintergrund);
   textcolor(farbe_info);
   write('DFÜ Hilfe - Aufruf durch Hi für Gesamtsystem ');
   writeln('oder Hi XX für Einzelerläuterungen');
   writeln;
   textbackground(black);
end;

procedure no_expert;
begin
   if not expert then
   begin
      gotoxy(8,24);
      textbackground(black);
      write('                                             ');
      write('        ');
      textcolor(yellow);
   end;
end;

procedure Warnung;  { für Fehler im XModem-Protokoll }
begin
   gotoxy(8,24);
   write(chr(7));
   textcolor(farbe_befehl+blink);
   textbackground(hintergrund);
   Block_Nummer:=ord(platz[i+j+1]);
   write('Warnung: XModem - Blocklänge <> 128 !  Block-Nr.  ');
   write(Block_Nummer:3);
   delay(4000);
   gotoxy(8,24);
   write(chr(7));
```

```
   textcolor(farbe_befehl+blink);
   textbackground(hintergrund);
   Block_Nummer:=ord(platz[i+j+1]);
   write('Warnung: Abbruch der Überprüfung wegen nicht ');
   write('behebbarer Fehler');
   delay(4000);
   textcolor(farbe_befehl);
end;

procedure Pruefbit_falsch;                { im XModem-Protokoll }
begin
   gotoxy(8,24);
   write(chr(7));
   textcolor(farbe_befehl+blink);
   textbackground(hintergrund);
   write('Warnung: XModem - Prüfbit falsch ! Block-Nr. ');
   write(Block_Nummer:3,'      ');
   delay(1000);
   textcolor(farbe_befehl);
end;

procedure XM_Kontrolle;

{ Nach dem Empfang und Speichern unter XModem müssen #1, Block-
nummern, Einerkomplement hiervon und die Summe mod 256 entfernt
werden. Blocknummern werden nicht auf richtige  Reihenfolge un-
tersucht. }

var letzter:integer;

begin
   if fang_in and (min_speicher<max_speicher) then
   begin
      gotoxy(8,24);
      write(chr(7));
      textcolor(farbe_befehl+blink);
```

```
textbackground(hintergrund);
write('Kontrolle der XModem-Übertragung ! ');
write('Bitte warten...    ');
textcolor(farbe_befehl);
i:=min_speicher+1;
repeat
   i:=i+1;
until ((ord(platz[i-2])=1) and
(ord(platz[i-1])+ord(platz[i])=255)) or
(i+128>=max_speicher);
if i+128<=max_speicher then
repeat
   Summe:=0;
   Block_Nummer:=ord(platz[i-1]);
   for j:=1 to 128 do
   summe:=(summe+ord(platz[i+j])) mod 256;
   i:=i+132;
   if summe<>ord(platz[i-3]) then Pruefbit_falsch;
until i>=max_speicher-128;
letzter:=-99;
j:=0;
i:=min_speicher-1;
repeat
   i:=i+1;
   if (ord(platz[i+j])=1) and
   (ord(platz[i+j+1])+ord(platz[i+j+2])=255) then
   begin
      no_expert;
      if (letzter>=0) and ((i-letzter) mod 128<>0) then
      begin
         Warnung;
         exit;
      end;
      platz[i+j]:=' ';
      letzter:=i;
      if i>min_speicher then j:=j+4 else j:=j+3;
```

```
          if i>min_speicher then i:=i-1;
        end;
        platz[i]:=platz[i+j];
      until (i+j>=max_speicher) or keypressed;
      max_speicher:=max_speicher-j-1;
      no_expert;
    end;
end;

{$IVerbind1}
{$IVerbind2}

procedure init;                    { Initialisierung der Variablen }

var s:str80;

begin
  wahlstring:='ÄN¦AN¦AU¦DI¦DR¦ED¦EN¦EX¦FA¦HA¦HI¦HO¦LA¦LB¦LI¦MA
               ¦MI¦NU¦PF¦RI¦SB¦SD¦SE¦SI¦SP¦TA¦XM¦ZE¦ZV¦ZW¦';
  Steuerzeichen:=[editier_ende,cursor_top,return,cursor_unten,
                  cursor_oben,cursor_bottom];
  wahl:='  ';
  str_port:='';
  text_seite:=true;
  schon_da:=false;
  ring:=false;
  fang_in:=false;
  fang_out:=false;
  speicher:=false;
  einfuegen:= false;
  geaendert:=false;
  printer  := false;
  voll:=true;
  aut:=false;
  Zeichen_weg:=false;
  Zeilen_Vorschub:=false;
```

```
XModem:=false;
expert:=false;
nomaske:=false;
halten:=0;
max_speicher:=0;
min_speicher:=0;
max_maximal:=0;
farbe_rahmen:=1;
farbe_daten:=2;
farbe_text:=3;
farbe_info:=4;
farbe_befehl:=15;
farbe_dfue:=6;
xpos4:=-999;
vorwaerts:=0;
with parameter do
begin
   baud    :=300;
   stoppbit:=2;
   datbit  :=7;
   parity  :='EVEN';
   duplex  :='VOLL';
   port    :=1;
   telefon :='_______________';
   texte   :='________________________________________';
   speicherdatei:='________.___';
   for i:=1 to 6 do for j:=1 to 2 do
   begin
      filter_in[i,j]:=0;
      filter_out[i,j]:=0;
   end;
   s:='_________________________________________________';
   s:=s+'___________';
   for i:=1 to 10 do ft[i]:=s;
   for i:=1 to 10 do ft_shift[i]:=s;
   for i:=1 to 10 do ft_ctrl[i]:=s;
```

```
    for i:=1 to 10 do ft_alt[i]:=s;
  end;
end;

procedure directory_lesen(fall:integer);{ Directory auflisten.}

type Feld      = array [ 1..12 ] of char;

var Zeichen    : array [ 1..43 ] of byte;
    Maske      : Feld;
    FileName   : str20;
    Fehler     : Integer;

begin
  FillChar(Zeichen,SizeOf(Zeichen),0);
  FillChar(Maske,SizeOf(Maske),0);
  FillChar(FileName,SizeOf(FileName),0);
  Regs.AX:=$1A00;
  Regs.DS:=Seg(Zeichen);
  Regs.DX:=Ofs(Zeichen);
  MSDos(Regs);
  Maske :='????????.???';
  Regs.AX:=$4E00;
  Regs.DS:=Seg(Maske);
  Regs.DX:=Ofs(Maske);
  Regs.CX:=22;
  MsDos(Regs);
  Fehler:=Regs.AX and $FF;
  i:=1;
  if (Fehler=0) then
  repeat
    FileName[I]:=Chr(Mem[Seg(Zeichen):Ofs(Zeichen)+29+I]);
    i:=i+1;
  until not (FileName[i-1] in [' '..'~']) or (i>20);
  FileName[0]:=Chr(i-1);
  param_nummer:=0;
```

```
while (Fehler=0) do
begin
   Fehler:=0;
   Regs.AX:=$4F00;
   Regs.CX:=22;
   MSDos(Regs);
   Fehler:=Regs.AX and $FF;
   i:=1;
   repeat
      FileName[I]:=Chr(Mem[Seg(Zeichen):Ofs(Zeichen)+29+I]);
      i:=i+1;
    until not (FileName[I-1] in [' '..'~','ü','ö','ä','ß',
                                   'Ü','Ö','Ä'] ) or (I>20);
    FileName[0]:=Chr(i-1);
    if (Fehler=0) then
    if ((pos('.par',FileName)>0) or (pos('.PAR',FileName)>0))
    and (param_nummer<11) and (fall=1) then
    begin
       param_nummer:=param_nummer+1;
       param_file[param_nummer]:=FileName;
       if expert then
       begin
          textbackground(hintergrund);
          Write(param_nummer:2);
          textbackground(black);
          write(' ',copy(FileName,1,length(FileName)-5),' ');
          if param_nummer=5 then gotoxy(2,2);
       end;
    end;
    if (Fehler=0) and  (fall=2) and (length(FileName)>4) then
    begin
       FileName:=copy(FileName,1,16);
       j:=length(FileName);
       for k:=j+1 to 16 do FileName:=FileName+' ';
       if pos('.',FileName)=0 then textcolor(yellow) else
       textcolor(farbe_befehl);
```

```
          write(FileName);
        end;
    end;
end;

procedure param_files_lesen;  { Die Parameter-Dateien finden. }
begin
   if expert then
   begin
      textbackground(black);
      textcolor(yellow);
      window(1,20,80,22);
      gotoxy(2,1);
   end;
   directory_lesen(1);
   if expert then
   begin
      window(1,1,80,25);
      if param_nummer=0 then
      begin
         gotoxy(8,24);
         write(chr(7));
         textbackground(black);
         exit;
      end;
      repeat
         write(chr(7));
         textbackground(hintergrund);
         textcolor(farbe_befehl);
         gotoxy(1,24);
         write('Bitte Parameter-Datei wählen (1 ..');
         write(param_nummer:1,') ==>             ');
         write('                 ');
         Uhr(70,24,41);
         read(kbd,c);
```

```
          write(c);
          i:=ord(c)-48;
       until (c>='1') and (i<=param_nummer);
       clreol;
       textbackground(black);
       param_aktuell:=i;
       assign(p,param_file[i]);
       reset(p);
       read(p,parameter);
       close(p);
       with parameter do
       begin
          farbe_rahmen:=ord(farben[1])-32;
          farbe_daten:=ord(farben[2])-32;
          farbe_text:=ord(farben[3])-32;
          farbe_info:=ord(farben[4])-32;
          farbe_befehl:=ord(farben[5])-32;
          farbe_dfue:=ord(farben[6])-32;
       end;
    end;
end;

procedure initialisierung(com,baud,data,stop:integer;par:str4);

var differenz,teiler,msb_baud,lsb_baud:integer;

begin
   case com of  1:differenz:=0;     { Adressen der Ports 1..4 }
                2:differenz:=256;   { verglichen mit COM1:    }
                3:differenz:=272;
                4:differenz:=280;
   end;
   daten          := $3F8-differenz;              { COM1: $3F8 }
   interrupt_set  := $3F9-differenz;              { COM2: $2F8 }
   intrpt_erkennen:= $3FA-differenz;              { COM3: $2E8 }
   line_control   := $3FB-differenz;              { COM4: $2E0 }
```

```
   modem_control  := $3FC-differenz;
   line_status    := $3FD-differenz;
   modem_status   := $3FE-differenz;
   Kontrolle:=128;                    { Bit 7 Teilungsverhältnis }
   port[line_control]:=Kontrolle;      { für Übertragungsgeschw. }
   teiler:=6*round(19200/baud);       { Teiler für Übertragungs- }
   msb_baud:=teiler div 256;                   { geschwindigkeit }
   lsb_baud:=teiler mod 256;
   port[daten]:=lsb_baud;
   port[interrupt_set]:=msb_baud;
   Kontrolle:=data-5;                          { Bit 1 Stoppbit }
   if stop=2 then Kontrolle:=Kontrolle+4;      { Bit 2 Stoppbit }
   if (par<>'none') and (par<>'NONE') then
   Kontrolle:=Kontrolle+8;          { Bit 3 Paritätsbit erzeugen }
   if (par='even') or (par='EVEN') then
   Kontrolle:=Kontrolle+16;                     { Bit 4 Parität }
   port[line_control]:=Kontrolle;
   Modus:=3;                              { DTR und RTS gesetzt. }
   port[modem_control]:=Modus;
   Interr:=0;                           { alle Interrupts sperren }
   port[interrupt_set]:=Interr;
end;

procedure schnittstelle_vorhanden(com:integer);
begin
   Modus:=19;{ interner Rückschleifetest; DTR und RTS gesetzt.}
   port[modem_control]:=Modus;
   port[daten]:=32;                       { Sende zum Testen " " }
   delay(100);
   Status:=port[line_status];      { Wird " " wieder empfangen? }
   if expert then gotoxy(2,9+com);
   if (Status mod 2=1) and (Status in [32..127]) then
   begin
      anzahl:=anzahl+1;
      if expert then write('COM',com:1,': vorhanden.');
      str_port:=str_port+chr(48+com)+',';
```

```
   end else
   if expert then write('COM',com:1,': nicht vorhanden.');
   if expert then gotoxy(30,9+com);
   Modus:=3;                           { Rückschleifetest aufge- }
   port[modem_control]:=Modus;   { hoben; DTR und RTS gesetzt. }
end;

{$I-}
procedure copyright;  { Initialisierungs-Menü Experten-System }

var
  Laufwerk,Bytes,
  Spuren,Sektoren               : integer;
  frei                          : real;

function DefaultDrive:integer;
begin
  Regs.ax:=$1900;
  MSDos(Regs);
  DefaultDrive:=(Regs.AX and $FF)+1;
end;

begin
   clrscr;
   textcolor(red);
   write('┌──────────────────────────────────────────────────');
   writeln('─────────────────────────────┐');
   write('│                                                  ');
   writeln('                             │');
   write('└──────────────────────────────────────────────────');
   writeln('─────────────────────────────┘');
   gotoxy(1,6);
   write('┌──────────────────────────────────────────────────');
   writeln('─────────────────────────────┐');
   write('│                                                  ');
   writeln('                             │');
```

```
write('├──────────────────────────────────────────────────');
writeln('──────────────────────────────┤');
write('│                                                 ');
writeln('                              │');
write('│                                                 ');
writeln('                              │');
write('│                                                 ');
writeln('                              │');
write('│                                                 ');
writeln('                              │');
write('│                                                 ');
writeln('                              │');
write('├─────────────────────┬────────────────────────────');
writeln('──────────┬───────────────────┤');
write('│                     │                           ');
writeln('          │                   │');
write('└─────────────────────┴────────────────────────────');
writeln('──────────┴───────────────────┘');
gotoxy(1,17);
write('┌─────────────────────────────────────────────────');
writeln('──────────────────────────────┐');
write('│ ');
textcolor(yellow);
write('Liste der Parameter-Dateien');
textcolor(red);
write('                    │');
writeln;
write('├─────────────────────────────────────────────────');
writeln('──────────────────────────────┤');
write('│                                                 ');
writeln('                              │');
write('│                                                 ');
writeln('                              │');
write('└─────────────────────────────────────────────────');
writeln('──────────────────────────────┘');
gotoxy(2,2);
```

```
textbackground(black);
textcolor(yellow);
write('Datenfernübertragung  Klaus-Dieter Tillmann 1987 ');
write('  Friedr. Vieweg & Sohn');
Laufwerk:=0;
If (Mem[Cseg:$80])>0 then Laufwerk:= Mem[Cseg:$82] and $1F;
If not(Laufwerk in [1..6]) then Laufwerk:=0;
Regs.AX:=$3600;
Regs.DX:=Laufwerk;
MSDos(Regs);
Sektoren:=Regs.AX;
Spuren:=Regs.BX;
Bytes:=Regs.CX;
frei:=(Sektoren*Bytes*1.0)*Spuren;
if Laufwerk=0 then Laufwerk:=DefaultDrive;
gotoxy(2,7);
write('Diskettenstatus von Laufwerk ',chr(Laufwerk+$40 ));
write(':',frei:8:0,'  Bytes frei auf der Diskette.');
if frei<maximal then
begin
   gotoxy(1,5);
   write(chr(7));
   textbackground(hintergrund);
   write('Warnung: Der freie Diskettenplatz beträgt nur ');
   write(frei:8:0,' Bytes !                  ');
   textbackground(black);
end;
str_port:='';
gotoxy(2,9);
anzahl:=0;
writeln('Betriebsfähige serielle Schnittstellen: ');
initialisierung(1,300,7,2,'even');    { Schnittstellentest }
schnittstelle_vorhanden(1);
initialisierung(2,300,7,2,'even');
schnittstelle_vorhanden(2);
initialisierung(3,300,7,2,'even');
```

```
schnittstelle_vorhanden(3);
initialisierung(4,300,7,2,'even');
schnittstelle_vorhanden(4);
if length(str_port)>0 then
str_port:=copy(str_port,1,length(str_port)-1);
intr($11,regs);
with regs do
begin
   ax:=hi(ax);
   i:=ax div 128;ax:=ax mod 128;  { Drucker }
   j:=ax div 64;ax:=ax mod 16;    { Drucker }
   k:=ax div 8;ax:=ax mod 8;      { COM: }
   l:=ax div 4;ax:=ax mod 4;      { COM: }
   m:=ax div 2;                   { COM: }
   if anzahl<>4*k+2*l+m then
   begin
      gotoxy(26,13);
      write(chr(7));
      textcolor(red+blink);
      write('Fehler in der Hardware der seriellen');
      write(' Schnittstellen');
      textcolor(yellow);
   end;
   if anzahl=0 then
   begin
      gotoxy(30,13);
      write(chr(7));
      textcolor(red+blink);
      write('Es gibt keine serielle Schnittstelle.');
      textcolor(yellow);
   end;
   ser_da:=(anzahl>0);
   gotoxy(2,15);
   write('Druckeranschlüsse=');
   anzahl:=2*i+j;
   druck_da:=(anzahl>0);
```

```
      write(anzahl:1);
    end;
    regs.ax:=15*256;
    intr($10,regs);
    gotoxy(22,15);
    write('Videomodus = ');
    if lo(regs.ax)=3 then write('Standard-Farbkarte') else
    write('keine Standard-Farbkarte');
    farb_da:=(lo(regs.ax)=3);
    gotoxy(60,15);
    intr($12,regs);
    write(hi(regs.ax)*256+lo(regs.ax):4,' kByte RAM');
end;
{$I+}

procedure umschalten;         { Umschalten der Bildschirmseiten }
begin
    text_seite:=false;
    with parameter do
    initialisierung(port,baud,datbit,stoppbit,parity);
    if farb_da then
    Kopiere_Bildschirm(erste_seite,zweite_seite,xpos,ypos);
    if farb_da then
    Kopiere_Bildschirm(dritte_seite,erste_seite,xpos3,ypos3);
    if not farb_da then clrscr;
    if (not schon_da) or (not farb_da) then
    begin
       gotoxy(1,25);
       textbackground(hintergrund);
       textcolor(farbe_info);
       write('             zurück zur lokalen Kommandoebene: ');
       write('TAbulator                           ');
    end;
    if (waehlen='SD') or (waehlen='ED') or (waehlen='SE') then
    begin
       gotoxy(67,25);
```

```
      textbackground(hintergrund);
      write(copy(parameter.speicherdatei,1,12));
   end;
   if aut then
   begin
      gotoxy(1,25);
      textbackground(hintergrund);
      write('auto');
   end;
   textcolor(farbe_dfue);
   textbackground(black);
   window(1,1,80,24);
   gotoxy(xpos3,ypos3);
   c:=' ';
   schon_da:=true;
end;

procedure zurueck_schalten; { Zurückschalten Bildschirmseiten }
begin
   text_seite:=true;
   window(1,1,80,25);
   textbackground(black);
   if farb_da then
   Kopiere_Bildschirm(erste_seite,dritte_seite,xpos3,ypos3);
   if farb_da then
   Kopiere_Bildschirm(zweite_seite,erste_seite,xpos,ypos);
   if not farb_da then
   begin
      maske1a;
      maske2a;
      maske3a;
      maske4a;
   end;
end;
```

```
procedure pack_rein(ch:char);
                        { Zeichen in die Speicher-Datei packen. }
begin
   if max_speicher<maximal then max_speicher:=max_speicher+1;
   if (max_speicher>=maximal) and ring then max_speicher:=1;
   platz[max_speicher]:=ch;
end;

procedure noch_nicht_weg;                  { Senderegister leer ? }
begin
   repeat                                  { Senderegister leer ? }
      Status:=port[line_status];            { Erst dann senden ! }
   until (Status in [32..127]) or keypressed;
   delay(halten*100);
end;

procedure Send_XModem(c:char); { Nach XModem-Protokoll senden.}
begin
   xm_zaehler:=(xm_zaehler+1) mod 128;
   if xm_zaehler=0 then
   begin
      noch_nicht_weg;
      port[daten]:=1;
      Block_Nummer:=Block_Nummer+1;
      noch_nicht_weg;
      port[daten]:=Block_Nummer;
      noch_nicht_weg;
      port[daten]:=255-Block_Nummer;         { Einer-Komplement }
   end;
   noch_nicht_weg;
   port[daten]:=ord(c);
   Summe:=Summe+(ord(c) mod 256);
   if xm_zaehler=127 then
   begin
      noch_nicht_weg;
      port[daten]:=Summe;
   end;
end;
```

```
procedure senden;                     { Tastatureingaben senden. }

var st:str60;

begin
   textcolor(farbe_info);
   read(kbd,c);
   if port[line_status] mod 2=1 then exit;{Empfang hat Vorrang}
   if c=Tabulator then exit;
   if c=#27 then
   begin
      c:=' ';  { dummy }
      read(kbd,ch);
      if ch in [';'..'D','T'..']','^'..'g','h'..'q'] then
      begin
         if ch in [';'..'D'] then
         begin
            i:=ord(ch)-58;
            st:=parameter.ft[i];
         end;
         if ch in ['T'..']'] then
         begin
            i:=ord(ch)-83;
            st:=parameter.ft_shift[i];
         end;
         if ch in ['^'..'g'] then
         begin
            i:=ord(ch)-93;
            st:=parameter.ft_ctrl[i];
         end;
         if ch in ['h'..'q'] then
         begin
            i:=ord(ch)-103;
            st:=parameter.ft_alt[i];
         end;
         i:=61;
```

```
      repeat
         i:=i-1;
         if st[i]=' ' then st:=copy(st,1,i-1);
      until (st[i-1]<>' ') or (i<=2);
      k:=length(st);
      for i:=1 to k+2 do
      begin
         if (i<k+2) or ((i=k+2) and Zeilen_Vorschub) then
         begin
            if i<=k then ch:=st[i];
            if i=k+1 then ch:=return;
            if i=k+2 then ch:=linefeed;
            if voll then
            begin
               write(ch);
               if printer then write(lst,ch);
               if (ch=return) and not Zeilen_Vorschub then
               writeln;
               if (ch=return) and not Zeilen_Vorschub and
               printer
               then writeln(lst);
            end;
            if fang_out then pack_rein(ch);
            with parameter do for j:=1 to 6 do
            if filter_out[j,1]=ord(ch) then
            ch:=chr(filter_out[j,2]);
            noch_nicht_weg;
            if not XModem then port[daten]:=ord(ch) else
            Send_XModem(ch);
         end;
      end;
   end;
end else
begin
   if voll then
   begin
```

```
         write(c);
         if printer then write(lst,c);
         if c=return then writeln;
         if (c=return) and printer then writeln(lst);
      end;
      if (c=return) and Zeilen_Vorschub then
      begin
         c:=linefeed;
         if fang_out then pack_rein(c);
         with parameter do for j:=1 to 6 do
         if filter_out[j,1]=ord(c) then c:=chr(filter_out[j,2]);
         noch_nicht_weg;
         if not XModem then port[daten]:=ord(c) else
         Send_XModem(c);
         delay((halten+1)*100);
         c:=return;
      end;
      if fang_out then pack_rein(c);
      with parameter do for j:=1 to 6 do
      if filter_out[j,1]=ord(c) then c:=chr(filter_out[j,2]);
      noch_nicht_weg;
      if not XModem then port[daten]:=ord(c) else
      Send_XModem(c);
   end;
   textcolor(farbe_dfue);
end;

procedure polling;       { Auf ein empfangenes Zeichen warten. }
begin
   umschalten;
   repeat
      repeat                                            { polling }
         Status:=port[line_status];
      until ((Status mod 64)>=32) or keypressed;
      if keypressed then senden;                         { senden }
      if Status mod 2=1 then                          { empfangen }
```

```
      begin
         ch:=chr(port[daten]);
         if Status in [2..30] then ch:='?';  { Fehler Empfang }
         with parameter do for j:=1 to 6 do
         if filter_in[j,1]=ord(ch) then ch:=chr(filter_in[j,2]);
         if fang_in then pack_rein(ch);
         write(ch);
         if printer then write(lst,ch);
      end;
   until c=Tabulator;
   zurueck_schalten;
end;

procedure poll1_schnell;                    { Schnellspeichern }
begin                                   { ohne Bildschirm; ring an }
   umschalten;                          { jeder Tastendruck = Ende }
   repeat
      repeat
         Status:=port[line_status];
         if Status mod 2=1 then                       { empfangen }
         begin
            ch:=chr(port[daten]);
            max_speicher:=max_speicher+1;
            if max_speicher>=maximal then max_speicher:=1;
            platz[max_speicher]:=ch;
         end;
      until keypressed;
      senden;
   until c=Tabulator;
   for i:=min_speicher to max_speicher do
   begin
      with parameter do for j:=1 to 6 do
      if filter_in[j,1]=ord(platz[i]) then
      platz[i]:=chr(filter_in[j,2]);
   end;
   zurueck_schalten;
end;
```

```
procedure poll2_schnell;                        { Schnellspeichern }
begin                                      { ohne Bildschirm; ring aus }
   umschalten;                              { jeder Tastendruck = Ende }
   repeat
      repeat
         Status:=port[line_status];
         if Status mod 2=1 then                          { empfangen }
         begin
            ch:=chr(port[daten]);
            max_speicher:=max_speicher+1;
            platz[max_speicher]:=ch;
         end;
      until keypressed;
      senden;
   until c=Tabulator;
   for i:=min_speicher to max_speicher do
   begin
      with parameter do for j:=1 to 6 do
      if filter_in[j,1]=ord(platz[i]) then
      platz[i]:=chr(filter_in[j,2]);
   end;
   zurueck_schalten;
end;

procedure experte;
begin
   stopp:=expert;
   if waehlen='EX' then expert:=true;
   if waehlen='AN' then expert:=false;
   if expert<>stopp then
   begin
     if expert then
     begin
        if (xpos4>0) and farb_da then
        Kopiere_Bildschirm(vierte_seite,erste_seite,xpos4,ypos4)
        else
```

```
          begin
             maske1a;maske2a;maske3a;maske4a;
          end;
       end;
       if not expert then
       begin
          if farb_da then
          Kopiere_Bildschirm(erste_seite,vierte_seite,xpos4,ypos4);
          maske1a;maske2a;maske3a;maske4a;
       end;
    end;
end;

procedure start;        { Zwischen Experte und Anfänger wählen. }
begin
   clrscr;
   regs.ax:=15*256;
   intr($10,regs);
   farb_da:=(lo(regs.ax)=3);
   if farb_da then
   Kopiere_Bildschirm(erste_seite,dritte_seite,xpos3,ypos3);
   kasten(8);
   gotoxy(2,11);
   textbackground(hintergrund);
   write('An');
   textbackground(black);
   write(' - Sind Sie ein "Anfänger" und wollen nichts mit ');
   write('Parametern zu tun haben ?');
   gotoxy(2,12);
   write('      Sie bekommen ein vereinfachtes Menü mit den ');
   write('wichtigsten Befehlen.');
   gotoxy(2,13);
   write('      Sie sollten jedoch am Anfang einmal das Syst');
   write('em für Ihre Bedürfnisse');
   gotoxy(2,14);
   write('      initialisieren und die Daten mit SI unter ST');
```

```
write('ANDARD abspeichern.');
gotoxy(2,16);
textbackground(hintergrund);
write('Ex');
textbackground(black);
write(' - Sie sind "Experte" und wollen alle möglichen P');
write('arameter ändern.');
gotoxy(2,17);
write('     Sie können mit AN später auf "Anfänger" umsc');
write('halten.');
repeat
   menue_anfaenger(20,19);
until (waehlen='AN') or (waehlen='EX');
if waehlen='EX' then expert:=true else expert:=false;
if not expert then
begin
   assign(p,'STANDARD.PAR');
   {$I-}
   reset(p);
   if ioresult<>0 then exit;
   {$I+}
   read(p,parameter);
   close(p);
   with parameter do
   begin
      farbe_rahmen:=ord(farben[1])-32;
      farbe_daten:=ord(farben[2])-32;
      farbe_text:=ord(farben[3])-32;
      farbe_info:=ord(farben[4])-32;
      farbe_befehl:=ord(farben[5])-32;
      farbe_dfue:=ord(farben[6])-32;
   end;
   param_file[1]:='STANDARD.PAR';
   param_nummer:=1;
   param_aktuell:=1;
   str_port:='';
```

```
      anzahl:=0;
      initialisierung(1,300,7,2,'even'); { Schnittstellentest }
      schnittstelle_vorhanden(1);
      initialisierung(2,300,7,2,'even');
      schnittstelle_vorhanden(2);
      initialisierung(3,300,7,2,'even');
      schnittstelle_vorhanden(3);
      initialisierung(4,300,7,2,'even');
      schnittstelle_vorhanden(4);
      if length(str_port)>0 then
      str_port:=copy(str_port,1,length(str_port)-1);
      intr($11,regs);
      with regs do
      begin
         ax:=hi(ax);
         i:=ax div 128;ax:=ax mod 128;   { Drucker }
         j:=ax div 64;ax:=ax mod 16;     { Drucker }
         k:=ax div 8;ax:=ax mod 8;       { COM: }
         l:=ax div 4;ax:=ax mod 4;       { COM: }
         m:=ax div 2;                    { COM: }
         if anzahl<>4*k+2*l+m then
         begin
            clrscr;
            gotoxy(1,10);
            write(chr(7));
            textcolor(red+blink);
            write('Fehler in der Hardware der seriellen Sch');
            write('nittstellen gefunden.');
            delay(3000);
            textcolor(yellow);
         end;
         ser_da:=(anzahl>0);
         anzahl:=2*i+j;
         druck_da:=(anzahl>0);
      end;
   end;
end;
```

```
procedure poll;           { Auf ein empfangenes Zeichen warten. }
begin
   ch:=chr(port[daten]);
   if Status in [2..30] then ch:='?';    { Fehler beim Empfang }
   with parameter do for j:=1 to 6 do
   if filter_in[j,1]=ord(ch) then ch:=chr(filter_in[j,2]);
   if fang_in then pack_rein(ch);
   write(ch);
   if printer then write(lst,ch);
end;

procedure weg_schicken(ck:char);          { Zeichen abschicken. }
begin
   Status:=port[line_status];
   if Status mod 2=1 then poll;           { Empfang hat Vorrang }
   if keypressed then senden;
   if voll then write(ck);
   if printer and voll then write(lst,ck);
   if (ck=linefeed) and aut then
   begin
      with parameter do for j:=1 to 6 do
      if filter_out[j,1]=ord(ck) then ck:=chr(filter_out[j,2]);
      noch_nicht_weg;
      port[daten]:=ord(ck);
      repeat
         Status:=port[line_status];
         if Status mod 2=1 then poll;    { Empfang hat Vorrang }
      until keypressed or (Status mod 2=1); { Empfang Zeichen }
      if Status mod 2=1 then
      delay(50*round(9600/parameter.baud));
   end else
   begin
      with parameter do for j:=1 to 6 do
      if filter_out[j,1]=ord(ck) then ck:=chr(filter_out[j,2]);
      noch_nicht_weg;
      if not XModem then port[daten]:=ord(ck) else
```

```
      Send_XModem(ck);
      if ck in [#10,#13] then delay((halten+1)*100);
   end;
end;

procedure send;                        { Speicher-Datei senden. }

var zaehler:integer;
    ck:char;

begin
   umschalten;
   zaehler:=min_speicher;
   repeat
      zaehler:=zaehler+1;
      ck:=platz[zaehler];
      weg_schicken(ck);
   until (c=Tabulator) or (zaehler>=max_speicher);
   zurueck_schalten;
end;

procedure disk_senden;        { Datei von der Diskette senden. }

var ck:char;

begin
   assign(f,parameter.speicherdatei);
   datei_existiert:=true;
   {$I-}
   reset(f);
   if ioresult<>0 then datei_existiert:=false;
   {$I+}
   if datei_existiert then
   begin
      umschalten;
      while not eof(f) and (c<>Tabulator) do
```

```
      begin
         read(f,ck);
         weg_schicken(ck);
      end;
      zurueck_schalten;
   end else
   aendern(3);
end;

procedure disk_empfangen;
       { Zeichen empfangen und sofort auf Diskette schreiben. }
begin
   assign(f,parameter.speicherdatei);
   datei_existiert:=true;
   {$I-}
   reset(f);
   if ioresult<>0 then datei_existiert:=false;
   {$I+}
   close(f);
   if not datei_existiert then rewrite(f) else reset(f);
   seek(f,filesize(f));
   umschalten;
   close(f);
   rewrite(f);
   while c<>Tabulator do
   begin
      Status:=port[line_status];
      if Status mod 2=1 then poll;      { Empfang hat Vorrang }
      if keypressed then senden;
      write(f,ch);
   end;
   close(f);
   zurueck_schalten;
end;
```

```
procedure directory;                          { Directory auflisten. }
begin
   info_feld_leeren;
   textbackground(hintergrund);
   textcolor(farbe_befehl);
   window(1,19,80,22);
   clrscr;
   directory_lesen(2);
   window(1,1,80,25);
   textbackground(black);
end;

procedure Pfad;                               { aktuellen Pfad ändern. }
begin
   stopp:=expert;
   expert:=true;
   gotoxy(8,24);
   textbackground(hintergrund);
   write('Bitte Pfad angeben: ');
   waehlen:='                                        ';
   texte_editieren(waehlen,40,28,24,Steuerzeichen,Eingabe,12);
   {$I-}
   ChDir(waehlen);
   if ioresult<>0 then
   begin
      gotoxy(8,24);
      write(chr(7));
      textcolor(farbe_befehl+blink);
      textbackground(hintergrund);
      write('Dieser Pfad existiert nicht.            ');
      textcolor(farbe_befehl);
      delay(3000);
   end;
   {$I+}
   waehlen:='';
   expert:=stopp;
end;
```

```
procedure Loesche_Bildschirm;              { auf der DFÜ-Seite }
begin
   umschalten;
   clrscr;
   zurueck_schalten;
   gotoxy(1,24);
   write(chr(7));
   textcolor(farbe_befehl+blink);
   textbackground(hintergrund);
   write('DFÜ-Seite wurde gelöscht.             ');
   textcolor(farbe_befehl);
   delay(3000);
   no_expert;
end;

procedure Sichere_Bildschirm; { DFÜ-Bildschirm-Inhalt sichern.}
begin
   if max_speicher+Laenge<=maximal then
   begin
      umschalten;
      move(mem[Farb_Adresse:0000],mem[seg(platz[max_speicher+1])
                         :ofs(platz[max_speicher+1])],Laenge);
      { Bei Nicht-Standard-Farbkarten muß diese Schleife
       geändert werden: Bei s/w-Karten z.B. die ganze
       Schleife weglassen. }
      j:=0;
      for i:=max_speicher+1 to max_speicher+1+round(Laenge/2) do
      begin
         platz[i]:=platz[i+j];
         j:=j+1;
      end;
      { Ende der Schleife; Die nächste Zeile lautet bei
        s/w-Karten: max_speicher:=max_speicher+Laenge-80; }
      max_speicher:=max_speicher+round(Laenge/2)-128;
      zurueck_schalten;
      gotoxy(8,24);
```

```
      write(chr(7));
      textcolor(farbe_befehl+blink);
      textbackground(hintergrund);
      write('DFÜ-Seite wurde gesichert.              ');
      textcolor(farbe_befehl);
      delay(3000);
   end else
   begin
      gotoxy(8,24);
      write(chr(7));
      textcolor(farbe_befehl+blink);
      textbackground(hintergrund);
      write('Zu kleiner Speicherplatz !              ');
      textcolor(farbe_befehl);
      delay(3000);
   end;
   no_expert;
end;

procedure schalt_XModem; {XModem-Dateitransfer an/ausschalten.}
begin
   XModem:=not XModem;
   if XModem then
   with parameter do
   begin
      XM_Zaehler:=-1;
      Block_Nummer:=-1;
      Summe:=0;
      aut:=false;
      hilf_datbit:=datbit;
      hilf_stoppbit:=stoppbit;
      hilf_par:=parity;
      datbit:=8;
      stoppbit:=1;
      parity:='NONE';
      initialisierung(port,baud,datbit,stoppbit,parity);
```

```
      maske2a;
   end else
   with parameter do
   begin
      if fang_in and (min_speicher<max_speicher) and
      (XM_Zaehler<127) then
      repeat
         Send_XModem(' ');
      until XM_Zaehler=127;
      XM_Kontrolle;
      parity:=hilf_par;
      stoppbit:=hilf_stoppbit;
      datbit:=hilf_datbit;
      initialisierung(port,baud,datbit,stoppbit,parity);
      maske2a;
   end;
   maske4a;
end;

procedure anhalten;                  { Zeitverzögerung einbauen. }
var zeit:str12;
begin
   repeat
      if expert then textbackground(hintergrund) else
      textbackground(black);
      if expert then gotoxy(8,24) else gotoxy(1,24);
      clreol;
      write('Bitte Zeitverzögerung eingeben (in 1/10 s). ==> ');
      readln(zeit);
      val(zeit,halten,i);
   until (i=0) and (halten>=0);
   if not expert then
   begin
      gotoxy(1,24);
      clreol;
   end;
end;
```

```
begin                                              { Hauptprogramm }
   init;
   start;
   if expert then copyright;
   param_files_lesen;
   maske1a;maske2a;maske3a;maske4a;
   with parameter do
   initialisierung(port,baud,datbit,stoppbit,parity);
   repeat
      repeat
         if not expert then menue_anfaenger(20,12);
         if expert then menue_experte;
         i:=((pos(waehlen,wahlstring)-1) div 3)+1;
         if pos(waehlen,wahlstring)>0 then
         case i of 1:aendern(1);          { Parameter ändern. }
                   2:experte;               { Anfänger-System }
                   3:begin              { Datei im Automatik- }
                        aut:=not aut;       { Betrieb senden. }
                        if not XModem then maske4a;
                        if aut and XModem then schalt_XModem;
                     end;
                   4:directory; { Inhaltsverzeichnis ausgeben }
                   5:druck_analyse;     { Drucker an/abstellen }
                   6:if copy(parameter.speicherdatei,1,1)<>'_'
                     then disk_empfangen;
                   7:;                                 { Ende }
                   8:experte;                { Experten-System }
                   9:fangen;          { Capture in/out on/off }
                   10:anhalten; { Zeitverzögerung beim Senden }
                   11:hilfe;   { ausführliche Hilfen aufrufen. }
                   12:if param_nummer>0 then holen;
                                      { Lade Parameter-Datei. }
                   13:laden;           { Lade Speicher-Datei. }
                   14:Loesche_Bildschirm;
                   15:liste;              { Liste Befehle auf. }
```

```
16:setze_max_speicher;
17:setze_min_speicher;
18:begin            { Speicher-Datei löschen. }
     min_speicher:=0;
     max_speicher:=0;
     maske4a;
   end;
19:Pfad;             { aktuellen Pfad ändern. }
20:begin             { Ring-Speicher-Datei     }
     ring:=not ring;     { an/ausschalten. }
     maske4a;
   end;
21:if farb_da then Sichere_Bildschirm;
22:disk_senden;
23:if max_speicher-min_speicher>0 then send;
                     { Speicher-Datei senden. }
24:sichern; { Schreibe Parameter-Datei ab. }
25:if max_speicher>0 then speichern;
                { Schreibe Speicher-Datei ab. }
26:if Zeichen_weg then
   begin
     if ring then poll1_schnell else
     poll2_schnell;
   end else polling;
      { TAbulator - senden und empfangen. }
27:schalt_XModem;
28:if max_speicher>0 then zeigen;
                     { Speicher-Datei zeigen. }
29:begin             { LineFeed an/abstellen. }
     Zeilen_Vorschub:=not Zeilen_Vorschub;
     if Zeichen_weg then
     Zeilen_Vorschub:=false;
     maske4a;
   end;
30:begin { Bildschirm-Ausgabe unterdrücken.}
     Zeilen_Vorschub:=false;
```

```
                    Zeichen_weg:=not Zeichen_weg;
                    maske4a;
                    if Zeichen_weg then
                    begin
                       fang_in:=true;
                       write(chr(7));
                       maske2a;
                       delay(4000);
                       if ring then poll1_schnell else
                       poll2_schnell;
                    end;
                 end;
   end;
   if max_speicher>max_maximal then
   max_maximal:=max_speicher;
until waehlen='EN';
if farb_da then
Kopiere_Bildschirm(erste_seite,zweite_seite,xpos,ypos);
if (max_speicher>0) or geaendert then
        { Speicher- und Parameter-Datei nicht gesichert. }
repeat
    clrscr;
    gotoxy(1,24);
    textbackground(hintergrund);
    textcolor(farbe_befehl);
    if not geaendert then
    write('Befehl: Wollen Sie DFÜ tatsächlich beenden (');
    write('Speicher = ',max_speicher,') (J/N) ?          ')
    else
    write('Befehl: Wollen Sie DFÜ tatsächlich beenden (');
    write('Parameter nicht gesichert) (J/N)?');
    gotoxy(78,24);
    read(kbd,c);
    c:=upcase(c);
until c in ['J','N'] else c:='J';
gotoxy(8,24);
```

```
      clreol;
      textbackground(black);
      if c='N' then
      if (c='N') and farb_da then
      Kopiere_Bildschirm(zweite_seite,erste_seite,xpos,ypos);
      if (c='N') and not farb_da then
      begin
         maske1a;
         maske2a;
         maske3a;
         maske4a;
      end;
   until c='J';
   clrscr;
end.
```

Das Programm muß in drei Textfiles aufgespalten werden, weil es zu lang ist. Die Teile **VERBIND1** und **VERBIND2** sind Include-Files,die an entsprechender Stelle vom Compiler eingebaut werden. Diese beiden Programmteile folgen auf den nächsten Seiten.

Durch die maximale Anzahl von Zeichen pro Zeile in diesem Buch mußten viele Zeilen gesplittet werden. Folgen z.B. zwei "write-Befehle" hintereinander, so können die beiden Zeilen zu einer zusammengefaßt werden. Das gleiche trifft zu, wenn eine Zeile rechtsbündig geschrieben ist.

Aus diesem Grund muß dieses Programm,wenn es in dieser Form aus dem Buch abgeschrieben wird, in drei Include-Files aufgeteilt werden. Schreiben Sie in diesem Fall die Prozeduren
procedure directory_lesen;
procedure param_files_lesen;
procedure initialisierung(...); und
procedure schnittstelle_vorhanden(...);
in einen File **VERBIND3** und fügen Sie hinter der Include-Option **{IVerbind2}** **{IVerbind3}** ein.

Die folgenden Prozeduren stammen aus **VERBIND1.PAS** und werden als Include-File in **VERBINDU.PAS** eingefügt.

```
procedure halt;
    { Zeigt im Hilfe-System eine Bildschirmseite und hält an. }

var antwort:char;

begin
    normvideo;
    repeat
       gotoxy(1,25);
       textbackground(blue);
       textcolor(white+blink);
       write('Ende = ');
       textcolor(white);
       write('<RETURN-Taste>                           ');
       textcolor(white+blink);
       write('Blättern = ');
       textcolor(white);
       write('alle Pfeiltasten rechts ');
       gotoxy(1,25);
       read(kbd,antwort);
       if antwort=#27 then read(kbd,antwort);
    until antwort in Steuerzeichen+[pageup,pagedown,
                            cursor_links,cursor_rechts,return];
    textbackground(black);
    stopp:=(antwort=return);
    vorwaerts:=0;
    case antwort of cursor_rechts,cursor_oben:vorwaerts:=1;
                    cursor_links,cursor_unten:vorwaerts:=-1;
                    pageup:vorwaerts:=10;
                    pagedown:vorwaerts:=-10;
                    cursor_top:begin
                                  vorwaerts:=0;
                                  zahl:=1;
```

```
                                end;
                    cursor_bottom:begin
                                    vorwaerts:=0;
                                    zahl:=45;
                                  end;
   end;
end;

{$I-}
procedure top1(st:str2;s:str80); { Überschrift im Hilfe-System}
begin
   textcolor(yellow);
   write('Befehl: ');
   textbackground(hintergrund);
   write(st);
   textbackground(black);
   writeln(s,'.');
   writeln;
   textcolor(farbe_info);
end;
{$I+}

procedure hilfe1;    { Listet eine Kurzform des Befehlssatzes. }
begin
   textbackground(black);
   top;
   normvideo;
   write('Än');
   lowvideo;
   write('dern:   Ändern Sie Angaben im oberen Teil des ');
   writeln('Bildschirms.');
   writeln;
   ...
   { Weitere Texte entnehmen Sie bitte der Seite 127. }
   { Befehlssatz: Au bis Ha. }
   ...
```

```
   normvideo;
   write('Hi');
   lowvideo;
   writeln('lfe:    Sie bekommen genau diese Hilfen.');
   if einzeln then halt1 else halt;
end;

procedure hilfe2;        { Wie hilfe1. Befehlssatz Ho bis Sd. }
procedure hilfe3;        { Wie hilfe1. Befehlssatz Se bis Zw. }


procedure hilfe4;  { Hilfen zu den Fenstern im Experten-Menü. }
begin
   top;
   writeln('Hilfen beim Editieren.');
   writeln;
   normvideo;write('Telefon         ');lowvideo;
   writeln('Notieren Sie eine Telefonnummer.');
   normvideo;write('Texte           ');lowvideo;
   writeln('Notieren Sie einen beliebigen Text.');
   normvideo;write('Parameter-Datei ');lowvideo;
   writeln('Diese Datei enthält alle Parameter.');
   normvideo;write('Speicher-Datei  ');lowvideo;
   writeln('Diese Datei enthält Daten zum Senden/Empfangen.');
   writeln;
   normvideo;write('Baud            ');lowvideo;
   writeln('Übertragungsgeschwindigkeiten in Bit/s.');
   normvideo;write('Stoppbit        ');lowvideo;
   writeln('Stoppbits trennen die Datenbits (1 oder 2).');
   normvideo;write('Datenbit        ');lowvideo;
   writeln('Die Anzahl der Datenbits bestimmt den Zeichenber.');
   normvideo;write('Parity          ');lowvideo;
   writeln('EVEN, NONE oder ODD (siehe Handbuch)');
   normvideo;write('Duplex          ');lowvideo;
   writeln('HALB: Sendezeichen werden geechot oder VOLL.');
   normvideo;write('Port            ');lowvideo;
```

```
   writeln('Serielle Schnittstelle COM1: oder COM2:.');
   writeln;
   normvideo;write('Empfangs-Filter ');lowvideo;
   writeln('Empfangene Zeichen werden umgewandelt.');
   normvideo;write('Sende-Filter    ');lowvideo;
   writeln('Zu sendende Zeichen werden umgewandelt.');
   normvideo;write('Farbe Rahmen    ');lowvideo;
   writeln('Farbe des Rahmens wird bestimmt durch + und -.');
   normvideo;write('Farbe Daten     ');lowvideo;
   write('Farbe der Dateneintragungen wird bestimmt ');
   writeln('durch + und -.');
   normvideo;write('Farbe Texte     ');lowvideo;
   write('Farbe der Texteintragungen wird bestimmt ');
   writeln('durch + und -.');
   normvideo;write('Farbe Info      ');lowvideo;
   write('Farbe der Informationstexte wird bestimmt ');
   writeln('durch + und -.');
   normvideo;write('Farbe Befehl    ');lowvideo;
   write('Farbe der Befehlszeile wird bestimmt ');
   writeln('durch + und -.');
   normvideo;write('Farbe DFÜ       ');lowvideo;
   write('Farbe der Texte bei der DFÜ wird bestimmt ');
   writeln('durch + und -.');
   normvideo;
   if einzeln then halt1 else halt;
end;


overlay procedure hilfe5;     { Hilfen zu den Funktionstasten }
begin                         { Ab hier sind alle Prozeduren des }
   top;                            { Hilfe-Systems Overlays. }
   writeln('Hilfen beim Editieren.');
   writeln;
   normvideo;write('Funktionstasten       F1-F10 ');lowvideo;
   writeln('Belegen Sie die Funktionstasten F1-F10');
   normvideo;write('Funktionstasten Shift F1-F10 ');lowvideo;
```

```
    writeln('Belegen Sie die Funktionstasten Shift F1-F10');
    normvideo;write('Funktionstasten  Ctrl F1-F10 ');lowvideo;
    writeln('Belegen Sie die Funktionstasten Ctrl F1-F10');
    normvideo;write('Funktionstasten  Alt  F1-F10 ');lowvideo;
    writeln('Belegen Sie die Funktionstasten Alt F1-F10');
    writeln;
    normvideo;write('Speichermodus Empfang ');lowvideo;
    writeln('Bei "JA" werden empfangenen Zeichen gespeichert.');
    normvideo;write('Speichermodus Senden  ');lowvideo;
    writeln('Bei "JA" werden gesendeten Zeichen gespeichert.');
    writeln;
    normvideo;write('?                     ');lowvideo;
    writeln('Im Änderungsmodus bekommen Sie diese Hilfen.');
    normvideo;
    if einzeln then halt1 else halt;
end;

overlay procedure hilfe6;    { Hinweise zu den Anmerkungen im }
begin                                  { Informationsfeld. }
    top;
    normvideo;
    writeln('Bedeutung der Angaben im "Informationsfeld":');
    writeln;
    writeln('drucken: ja oder drucken: nein');
    lowvideo;
    ...
    { Weitere Texte entnehmen Sie bitte der Seite 125. }
    ...
    normvideo;
    writeln('einfügen oder löschen');
    lowvideo;
    write('Diese Angabe bezieht sich auf alle Texteingaben,');
    writeln('in der Kommandozeile, im Ände-');
    writeln('rungsmodus und beim Belegen der Funktionstasten.');
    normvideo;
    if einzeln then halt1 else halt;
end;
```

```
overlay procedure hilfe7;                { Fortsetzung zu hilfe6 }
begin
   top;
   normvideo;
   writeln('Bedeutung der Angaben im "Informationsfeld":');
   lowvideo;
   writeln;
   write('Wenn Sie die Parameter im oberen Teil des Bildsch');
   writeln('irms ändern wollen, so können');
   lowvideo;
   ...
   { Weitere Texte entnehmen Sie bitte den Seiten 125 - 126. }
   ...

   write('mit 8 Datenbits, ohne Parität mit einem Stoppbit.');
   writeln(' "XModem" schaltet "auto" ab.');
   if einzeln then halt1 else halt;
end;
```

Es folgen nun alle overlay procedures ... , wie sie in der Prozedur **hilfe** (2. Teil) unter der Case-Anweisung Punkte 8 bis 40 aufgeführt sind (alle Befehle in alphabetischer Reihenfolge). Die zugehörigen Texte finden Sie auf den Seiten 128 bis 141.

Am Anfang jeder Prozedur finden Sie eine Überschrift, z.B.

```
top;
top1('Än','dern der Parameter');
```

Am Ende jeder Prozedur finden Sie Beispiele für den Befehlsaufruf.

```
writeln;
writeln('Beispiel:');
textbackground(hintergrund);
writeln('Än       ');
writeln('än       ');
writeln('ÄN       ');
```

```
writeln('Änderung');
textbackground(black);
if einzeln then halt1 else halt;
```

In hilfe_1aendern, hilfe_1XM, hilfe_1ZW finden Sie statt dessen am Ende

```
writeln;
writeln('==> Fortsetzung nächste Seite');
if einzeln then halt1 else halt;
```

In hilfe_tab sollten Sie unter den Beispielen auch
writeln('¦<-   ->¦'); aufführen.

```
overlay procedure hilfe_1aendern;       { Text hierzu Seite 128 }
overlay procedure hilfe_2aendern;       { Text hierzu Seite 128 }
overlay procedure hilfe_anfaenger;      { Text hierzu Seite 129 }
overlay procedure hilfe_auto;           { Text hierzu Seite 129 }
overlay procedure hilfe_directory;      { Text hierzu Seite 130 }
overlay procedure hilfe_druck;          { Text hierzu Seite 130 }
overlay procedure hilfe_ed;             { Text hierzu Seite 130 }
overlay procedure hilfe_ende;           { Text hierzu Seite 131 }
overlay procedure hilfe_experte;        { Text hierzu Seite 131 }
overlay procedure hilfe_fangen;         { Text hierzu Seite 132 }
overlay procedure hilfe_halten;         { Text hierzu Seite 132 }
overlay procedure hilfe_hilfe;          { Text hierzu Seite 133 }
overlay procedure hilfe_holen;          { Text hierzu Seite 133 }
overlay procedure hilfe_laden;          { Text hierzu Seite 134 }
overlay procedure hilfe_LB;             { Text hierzu Seite 134 }
overlay procedure hilfe_liste;          { Text hierzu Seite 134 }
overlay procedure hilfe_max;            { Text hierzu Seite 135 }
overlay procedure hilfe_min;            { Text hierzu Seite 135 }
overlay procedure hilfe_null;           { Text hierzu Seite 135 }
overlay procedure hilfe_pfad;           { Text hierzu Seite 135 }
overlay procedure hilfe_ring;           { Text hierzu Seite 136 }
overlay procedure hilfe_SB;             { Text hierzu Seite 136 }
overlay procedure hilfe_sd;             { Text hierzu Seite 137 }
```

```
overlay procedure hilfe_send;           { Text hierzu Seite 137 }
overlay procedure hilfe_sichern;        { Text hierzu Seite 137 }
overlay procedure hilfe_speichern;      { Text hierzu Seite 138 }
overlay procedure hilfe_tab;            { Text hierzu Seite 138 }
overlay procedure hilfe_1XM;            { Text hierzu Seite 139 }
overlay procedure hilfe_2XM;            { Text hierzu Seite 139 }
overlay procedure hilfe_zeigen;         { Text hierzu Seite 139 }
overlay procedure hilfe_ZV;             { Text hierzu Seite 140 }
overlay procedure hilfe_1ZW;            { Text hierzu Seite 141 }
overlay procedure hilfe_2ZW;            { Text hierzu Seite 141 }

overlay procedure hilfe_1_sonstiges;
begin
   top;
   top1('','Weitere Erläuterungen (serielle Schnittstelle)');
   write('Die Datenfernübertragung erfolgt über sogenannte s');
   writeln('erielle Schnittstellen.');
   write('Bei seriellen Schnittstellen werden anders als bei');
   writeln(' Druckern mit parallelem');
   write('Anschluß, die Bits eines Zeichens nacheinander übe');
   writeln('rtragen. Hierbei muß ein');
   write('kompliziertes Protokoll (gegenseitige Abstimmung) ');
   writeln('zwischen Sender und Empfänger');
   writeln('aufgestellt werden.');
   writeln;
   write('Ein Rechner kann mehrere serielle Schnittstellen h');
   writeln('aben. Sie werden mit');
   writeln('COM1:, COM2:, COM3: und COM4:');
   writeln('bezeichnet.');
   writeln;
   write('Der Inhalt des Protokolls wird im Programm als Par');
   writeln('ameter bezeichnet.');
   writeln('Parameter sind:');
   write('Übertragungsgeschwindigkeit, Stoppbits, Datenbits,');
   writeln(' Parity, und Duplex.');
   if einzeln then halt1 else halt;
end;
```

```
overlay procedure hilfe_2_sonstiges;
begin
   top;
   top1('','Weitere Erläuterungen (Videomodus)');
   writeln('Der Bildschirm kann drei Darstellungen annehmen:');
   write('1. Die Kommando-Seite. Sie wird nach dem Start des');
   writeln(' Programms automatisch');
   write('   eingeschaltet. Die Kommando-Seite sieht im Anfä');
   writeln('nger-System einfacher aus');
   writeln('    als im Experten-System.');
   write('2. Die DFÜ-Seite. Sie wird mit der Tabulator-Taste');
   writeln(' |<- ->| aufgerufen. Auf der');
   write('   DFÜ-Seite kann man direkt über die Tastatur Dat');
   writeln('en senden oder empfangen.');
   write('   Man befindet sich ebenfalls auf der DFÜ-Seite i');
   writeln('n folgenden Fällen:');
   writeln('    α) Laden einer Datei von der Diskette.');
   writeln('    β) Zeigen der Speicher-Datei.');
   write('3. Die Hilfen-Seiten. Sie befinden sich auf den Hi');
   writeln('lfen-Seiten, wenn Sie den');
   writeln('    Hilfen-Befehl aufrufen.');writeln;
   writeln('Umschalten dieser drei Seiten:');
   write('Das Umschalten dieser Seiten erfolgt in Abhängigke');
   writeln('it von der Videokarte. Haben');
   write('Sie eine Standard-Farbkarte eingebaut, so stehen d');
   writeln('em Programm 16 kByte Video-');
   write('Speicher zur Verfügung. Je 4 kByte werden für eine');
   writeln(' Textseite benötigt. Der');
   write('Inhalt der aktuellen Bildschirmseite wird auf eine');
   writeln(' der 4 Seiten kopiert und');
   write('die benötigte Bildschirmseite hereingeholt. Dies e');
   writeln('rfolgt sehr schnell, so daß');
   write('die beschriebene Seite sofort zur Verfügung steht.');
   writeln;
   write('Bei allen anderen Videokarten werden die Seiten ne');
   writeln('u beschrieben.');
   if einzeln then halt1 else halt;
end;
```

```
overlay procedure hilfe_3_sonstiges;
begin
   top;
   top1('','Weitere Erläuterungen (Schnittstellen)');
   gotoxy(1,4);
   write('Das Programm stellt über einen MsDos-Interrupt-Bef');
   writeln('ehl die Anzahl der');
   write('seriellen und parallelen Schnittstellen, die Art d');
   writeln('er Videokarte, den');
   write('RAM-Speicherplatz und den freien Speicherplatz auf');
   writeln(' der Diskette fest.');
   write('1. Existiert keine parallele Schnittstelle, so kan');
   writeln('n der Drucker nicht auf');
   writeln('   "drucken an" gestellt werden.');
   write('2. Existieren serielle Schnittstellen, so werden s');
   writeln('ie auf Funktionstüch-');
   write('   tigkeit getestet. Diese Schnittstellen werden g');
   writeln('espeichert, und nur sie');
   write('   können im Experten-System im Änderungsmodus unt');
   writeln('er "Port" angesprochen');
   write('   werden. Zusätzlich wird mit einem MsDos-Interru');
   writeln('pt-Befehl die Anzahl der');
   write('   seriellen Schnittstellen bestimmt. Ergibt sich ');
   writeln('zu dem Test ein Widerspruch,');
   write('   so wird beim Start die Warnung "Fehler in der H');
   writeln('ardware der seriellen');
   writeln('   Schnittstellen" ausgegeben.');
   write('3. Lautet der Videomodus AL=3, so wird der Schalte');
   writeln('r "farb_da" gesetzt, und');
   write('   das Umschalten der Bildschirmseiten erfolgt dur');
   writeln('ch Kopieren der Speicher-');
   writeln('   plätze wie auf der letzten Seite beschrieben.');
   write('4. Der freie Speicherplatz RAM des Rechners wird i');
   writeln('m Expertensystem be-');
   writeln('   stimmt und ausgegeben.');
   write('5. Der freie Speicherplatz auf der Diskette wird i');
```

```
   writeln('m Expertensystem be-');
   write('   stimmt und ausgegeben. Ist er kleiner als ');
   writeln('maximal,', so wird eine');
   write('   Warnung ausgegeben, weil die maximal aufgefüllt');
   writeln('e Speicher-Datei nicht mehr');
   writeln('   abgespeichert werden kann.');
   if einzeln then halt1 else halt;
end;
```

overlay procedure hilfe_4_sonstiges;

```
begin
   top;
   top1('','Weitere Erläuterungen (Parameter der serielle Schni
                                                        ttstelle)');
   gotoxy(1,4);
   writeln('Die Parameter der seriellen Datenübertr. lauten:');
   write('1. Übertragungsgeschwindigkeit: Anzahl der übertra');
   writeln('genen Bits/s = Baud');
   write('   Das Programm bietet Übetragungsgeschwindigkeite');
   writeln('n von 50 Baud bis 9600 Baud.');
   write('   Dies entspricht ungefähr eine Übertragung von 5');
   writeln(' bis 1000 Zeichen/s.');
   write('   Beim Empfänger wird jedes Zeichen durch das "St');
   writeln('artbit" neu synchronisiert.');
   write('   Hierdurch werden kleine Unterschiede in den Fre');
   writeln('quenzen ausgeglichen.');
   write('2. Stoppbits: Am Ende der Übertragung eines Zeiche');
   writeln('ns werden noch zu-');
   write('   sätzlich "Stoppbits" zur Synchronisation übertr');
   writeln('agen.');
   write('3. Datenbits: Um alle Zeichen des IBM-Zeichensatze');
   writeln('s zu übertragen, müssen');
   write('   alle 8 Bits genutzt werden (entsprechend 256 Ze');
   writeln('ichen). Soll jedoch nur');
   write('   Text übertragen werden, so kommt man mit den un');
   writeln('teren 7 Bits aus, weil');
```

```
    write('   Texte nur 128 Zeichen umfassen. Dann setzt man ');
    writeln('7 Datenbits, andernfalls 8.');
    write('5. Parität: Zu Kontrollzwecken wird noch ein zusät');
    writeln('zliches Bit übertragen.');
    write('   Bei "even parity" muß die Summe der gesetzten S');
    writeln('toppbits, Datenbits und des');
    write('   Paritätsbits gerade sein, andernfalls ungerade.');
    writeln;
    write('6. Zur Kontrolle können Sie gesendete Daten vom Pa');
    writeln('rtner zurücksenden lassen.');
    write('   In diesem Fall sollten Ihre eigenen Eingaben ni');
    writeln('cht auf dem Bildschirm');
    write('   erscheinen, weil sonst alle Zeichen doppelt ers');
    writeln('cheinen. Setzen Sie in');
    write('   diesem Fall Duplex auf "halb", andernfalls auf ');
    writeln('"voll".');
    write('Alle 4 Parameter müssen beim Sender und Empfänger ');
    writeln('übereinstimmen.');
    if einzeln then halt1 else halt;
end;

overlay procedure hilfe_5_sonstiges;
begin
    top;
    top1('','Weitere Erläuterungen (Der Autor)');
    write('Der Autor ist StD an einem Gymnasium in Berlin und');
    writeln(' unterrichtet die Fächer');
    write('Physik, Mathematik und Informatik. Sollten Sie Fra');
    writeln('gen zu diesem Programm');
    writeln('haben, so schreiben Sie bitte an:');
    writeln;
    textcolor(yellow);
    writeln('Herrn StD Dipl.-Phys.');
    writeln('Klaus-Dieter Tillmann');
    writeln('Klausenpaß 20A');
    writeln;
```

```
   writeln('D-1000 Berlin 42');
   if einzeln then halt1 else halt;
end;

procedure hilfe;    { Auswahl der Hilfen. Wenn einzeln gesetzt }
    { ist, soll nur die Hilfe zu einem Befehl gegeben werden. }
var waehle:str120;

begin
   if farb_da then
   Kopiere_Bildschirm(erste_seite,zweite_seite,xpos,ypos);
   gross(wahl,1,2);
   if length(wahl)>4 then
   waehle:=copy(wahl,4,2) else waehle:='';
   gross(waehle,1,2);
   textbackground(black);
   einzeln:=false;
   if (wahl[3]=' ') and (pos(waehle,wahlstring)>0) then
   begin
      einzeln:=true;
      i:=((pos(waehle,wahlstring)-1) div 3)+1;
      case i of 1:begin
                     hilfe_1aendern;
                     hilfe_2aendern;
                  end;
                2:hilfe_anfaenger;
                3:hilfe_auto;
                4:hilfe_directory;
                5:hilfe_druck;
                6:hilfe_ed;
                7:hilfe_ende;
                8:hilfe_experte;
                9:hilfe_fangen;
                10:hilfe_halten;
                11:hilfe_hilfe;
                12:hilfe_holen;
```

```
            13:hilfe_laden;
            14:hilfe_LB;
            15:hilfe_liste;
            16:hilfe_max;
            17:hilfe_min;
            18:hilfe_null;
            19:hilfe_pfad;
            20:hilfe_ring;
            21:hilfe_SB;
            22:hilfe_sd;
            23:hilfe_send;
            24:hilfe_sichern;
            25:hilfe_speichern;
            26:hilfe_tab;
            27:begin
                  hilfe_1XM;
                  hilfe_2XM;
               end;
            28:hilfe_zeigen;
            29:hilfe_ZV;
            30:begin
                  hilfe_1ZW;
                  hilfe_2ZW;
               end;
    end;
end else
begin
   zahl:=1;
   vorwaerts:=0;
   repeat
      zahl:=zahl+vorwaerts;
      if zahl<=0 then zahl:=45+zahl;
      zahl:=zahl mod 46;
      if zahl<=0 then zahl:=1;
      case zahl of
              1:hilfe1;
```

```
 2:hilfe2;
 3:hilfe3;
 4:hilfe4;
 5:hilfe5;
 6:hilfe6;
 7:hilfe7;
 8:hilfe_1aendern;
 9:hilfe_2aendern;
10:hilfe_anfaenger;
11:hilfe_auto;
12:hilfe_directory;
13:hilfe_druck;
14:hilfe_ed;
15:hilfe_ende;
16:hilfe_experte;
17:hilfe_fangen;
18:hilfe_halten;
19:hilfe_hilfe;
20:hilfe_holen;
21:hilfe_laden;
22:hilfe_LB;
23:hilfe_liste;
24:hilfe_max;
25:hilfe_min;
26:hilfe_null;
27:hilfe_pfad;
28:hilfe_ring;
29:hilfe_SB;
30:hilfe_sd;
31:hilfe_send;
32:hilfe_sichern;
33:hilfe_speichern;
34:hilfe_tab;
35:hilfe_1XM;
36:hilfe_2XM;
37:hilfe_zeigen;
```

```
                38:hilfe_ZV;
                39:hilfe_1ZW;
                40:hilfe_2ZW;
                41:hilfe_1_sonstiges;
                42:hilfe_2_sonstiges;
                43:hilfe_3_sonstiges;
                44:hilfe_4_sonstiges;
                45:hilfe_5_sonstiges;
         end;
      until stopp;
   end;
   textbackground(black);
   if farb_da then
   Kopiere_Bildschirm(zweite_seite,erste_seite,xpos,ypos);
   if not farb_da then
   begin
      maske1a;
      maske2a;
      maske3a;
      maske4a;
   end;
end;
```

Die folgenden Prozeduren befinden sich alle im Include-File VERBIND2.PAS.

```
procedure liste;                    { Listet den Befehlssatz auf. }
begin
   info_feld_leeren;
   gotoxy(1,20);
   textcolor(yellow);
   write('Die erlaubten Befehle (2 Zeichen oder mehr; Hilfe:');
   writeln(' Hi oder z.B. Hi An):');
   textcolor(farbe_info);
   for i:=1 to length(wahlstring) do
   begin
      if wahlstring[i]<>'¦' then
      begin
         c:=wahlstring[i];
         if i mod 3=2 then c:=chr(ord(c)+32);
         write(c);
      end else if i<>81 then write(' ');
   end;
end;

{$v-}
procedure editieren(fall:integer);

const Steuerzeichen : menge = [editier_ende,cursor_top,return,
                              cursor_unten,cursor_oben,cursor_bottom];

var stelle,
    zuwachs      : integer;
    Eingabe      : char;

begin
  stelle:=1;
  invertiere(5);
```

```
  invertiere(5);
  textcolor(farbe_info);
  gotoxy(1,25);
  write(' <#> = Ende der Eingabe ');
  with parameter do
    repeat
       case fall of
           1:texte_editieren(ft[stelle],60,11,2+2*stelle,
                                      Steuerzeichen,Eingabe,Stelle);
           2:texte_editieren(ft_shift[stelle],60,11,2+2*stelle,
                                      Steuerzeichen,Eingabe,Stelle);
           3:texte_editieren(ft_ctrl[stelle],60,11,2+2*stelle,
                                      Steuerzeichen,Eingabe,Stelle);
           4:texte_editieren(ft_alt[stelle],60,11,2+2*stelle,
                                      Steuerzeichen,Eingabe,Stelle);
        end;
       zuwachs:=1;
       if (Eingabe = cursor_links) and curs then zuwachs:=-1;
       if (Eingabe=cursor_oben) and curs then zuwachs:=-1;
       stelle:=stelle+zuwachs;
       if (Eingabe = cursor_top) and curs then stelle:=1;
       if (Eingabe = cursor_bottom) and curs then stelle:=10;
       if stelle < 1 then stelle:=10;
       if stelle > 10 then stelle:=1;
    until Eingabe = editier_ende;
end;
{$v+}

procedure fkt_belegen(stelle:integer);
begin
   textbackground(black);
   clrscr;
   textbackground(hintergrund);
   writeln('                      Funktionstasten belegen.
                                  ');
   textcolor(farbe_befehl);
   for i:=1 to 10 do
```

```
  begin
     gotoxy(1,2+2*i);
     case stelle of 40:write('      F',i:2,' :');
                    41:write('Shift F',i:2,' :');
                    42:write('Ctrl  F',i:2,' :');
                    43:write('Alt   F',i:2,' :');
     end;
  end;
  textbackground(black);
  textcolor(farbe_info);
  with parameter do
  for i:=1 to 10 do
  begin
     gotoxy(11,2+2*i);
     case stelle of 40:write(ft[i]);
                    41:write(ft_shift[i]);
                    42:write(ft_ctrl[i]);
                    43:write(ft_alt[i]);
     end;
  end;
  editieren(stelle-39);
end;

procedure infotext(stelle:integer);                    { Hilfen im }
begin                                         { Informationsfenster }
  textcolor(farbe_info);
  textbackground(black);
  gotoxy(1,23);clreol;
  gotoxy(1,24);clreol;
  gotoxy(1,25);clreol;
  gotoxy(1,22);
  writeln('Erlaubte Begriffe:');
  writeln;
  case stelle of
     1:writeln('Geben Sie bitte nur Ziffern 0 ... 9 ein.');
     2:begin
```

```
          write('Geben Sie einen beliebigen Text ein, ');
          write('der Ihnen eine Erinnerungsstütze bietet.');
        end;
      3:begin
          write('Diese Datei kann jetzt mit LA geladen und ');
          writeln('dann mit SE gesendet werden.');
          write('Geben Sie den vollständigen Namen an, ggf.');
          write(' mit Laufwerk und Pfad.');
        end;
      4:begin
          writeln('Übertragungsgeschwindigkeiten');
          write('50, 75, 110, 150, 300, 600, 1200, 1800, 24');
          write('00, 3600, 4800, 7200, 9600');
        end;
      5:write('Stopbits 0, 1, 2');
      6:write('Datenbits 5, 6, 7, 8');
      7:write('Parity-Bezeichnungen even, odd oder none');
      8:write('Duplex-Bezeichnungen voll oder halb');
      9:write('Port-Bezeichnung ',str_port);
      10..33:write('ASCII-Code 0 bis 255 erlaubt.');
      34..39:write('Farbwahl durch + und -');
      40:write('Funktionstasten (normal) - Belegung durch +.');
      41:write('Funktionstasten (shift) - Belegung durch +.');
      42:write('Funktionstasten (Control) - Belegung durch +.');
      43:write('Funktionstasten (Alt) - Belegung durch +.');
      44:write('Speichern empfangener Daten: ja oder nein.');
      45:write('Speichern gesendeter Daten: ja oder nein.');
    end;
    clreol;
end;

{$v-}
procedure instring (var s                  : str80;
                        l,x,y              : integer;
                        Steuerzeichen      : menge;
                    var Eingabe            : char;
                        Stelle             : integer);
```

```
const strich = ' ';

var p,z          : integer;
    zeilenende : boolean;
    Buchstabe  : char;

procedure farbe;
begin
   textbackground(hintergrund);
   textcolor(farbe_daten);
end;

procedure Buchstaben_schreiben;
begin
   if p<l then                          { Buchstabe schreiben. }
   begin
       if length(s)=l then delete(s,l,1);
       p:=p+1;
       insert (Buchstabe,s,p);
       if not einfuegen then delete(s,P+1,1);
       write(copy(s,p,1));
   end;
end;

begin
  zeilenende:=false;
  gotoxy(x,y);
  farbe;
  write(S,conststr(strich,l-length(s)));
  p:=0;
  repeat
    farbe;
    gotoxy(x+p,y);
    read(kbd,Buchstabe);
    case Buchstabe of
       loeschen_links:if p>0 then    { löscht 1 Zeichen links }
```

```
                 begin
                    delete(s,p,1);
                    write(loeschen_links,copy(s,p,1),
                                                strich);
                    p:=p-1;
                 end;
     loeschen_bis_Zeilenende:begin
                { löscht alles ab Cursor bis Eingabeende }
                         write(conststr(strich,l-p));
                         delete(s,p+1,l);
                       end;
     #63:begin
           if farb_da then
           Kopiere_Bildschirm(erste_seite,zweite_seite,xpos,
                                                   ypos);
           einzeln:=false;
            zahl:=3;
           vorwaerts:=0;
           repeat
              zahl:=zahl+vorwaerts;
              if zahl=36 then zahl:=8;
              if (zahl=1) and (vorwaerts=0) then zahl:=3 else
              begin
                 if zahl<=2 then zahl:=8+zahl-2;
                 zahl:=zahl mod 9;
                 if zahl<=2 then zahl:=3;
              end;
              case zahl of 3:hilfe_1aendern;
                           4:hilfe_2aendern;
                           5:hilfe4;
                           6:hilfe5;
                           7:hilfe6;
                           8:hilfe7;
               end;
           until stopp;
           einzeln:=true;
```

```
        text_seite:=false;
        if farb_da then
        Kopiere_Bildschirm(zweite_seite,erste_seite,xpos,
                                                  ypos);
        if not farb_da then
        begin
           maske1a;
           maske2a;
           maske3a;
           maske4a;
        end;
        text_seite:=true;
        textbackground(hintergrund);
        textcolor(farbe_info);
        gotoxy(1,20);
        write(' <#> = Ende der Eingabe ');
        invertiere(0);
        invertiere(0);
        infotext(stelle);
     end;
  #32..#62,#64..#255:
     if buchstabe<>editier_ende then
     case stelle of
        44..45:if buchstabe in
        ['j','J','a','A','n','N','e','E','i','I',' '] then
               begin
                  Buchstabe:=Upcase(Buchstabe);
                  Buchstaben_schreiben
               end;
        2,3:Buchstaben_schreiben;
        7,8:begin
               Buchstabe:=Upcase(Buchstabe);
               Buchstaben_schreiben
            end;
        34..39:begin
                  if Buchstabe in ['+','-'] then
```

```
Buchstaben_schreiben;
if stelle=34 then
farbe_rahmen:=farbe_rahmen+1;
if stelle=35 then
farbe_daten:=farbe_daten+1;
if stelle=36 then
farbe_text:=farbe_text+1;
if stelle=37 then
farbe_info:=farbe_info+1;
if stelle=38 then
farbe_befehl:=farbe_befehl+1;
if stelle=39 then
begin
   farbe_dfue:=farbe_dfue+1;
   gotoxy(70,21);
   textbackground(black);
   textcolor(farbe_dfue);
   write('DFÜ-Farbe');
   farbe;
end;
nomaske:=true;
if stelle<>39 then
begin
   if stelle=34 then
   begin
      maske1a;
      maske2a;
      maske3a;
      maske4a;
   end;
   if stelle=35 then maske2a;
   if stelle=36 then maske3a;
   if stelle=37 then infotext(stelle);
   if stelle=38 then maske4a;
end;
nomaske:=false;
```

```
      end;
 5:if Buchstabe in ['0'..'2'] then
   Buchstaben_schreiben;
 6:if Buchstabe in ['5'..'8'] then
   Buchstaben_schreiben;
 9:if Buchstabe in ['1'..'3'] then
   Buchstaben_schreiben;
 1,4,10..33:if Buchstabe in ['0'..'9',' '] then
             Buchstaben_schreiben;
 40..43:begin
           if buchstabe in ['+','-'] then
           Buchstaben_schreiben;
           if buchstabe='+' then
           begin
              if farb_da then Kopiere_Bildschirm(
               erste_seite,zweite_seite,xpos,ypos);
              fkt_belegen(stelle);
              text_seite:=false;
              if farb_da then Kopiere_Bildschirm(
               zweite_seite,erste_seite,xpos,ypos);
              if not farb_da then
              begin
                 maske1a;
                 maske2a;
                 maske3a;
                 maske4a;
              end;
              text_seite:=true;
              textbackground(hintergrund);
              textcolor(farbe_info);
              gotoxy(1,20);
              write(' <#> = Ende der Eingabe ');
              invertiere(0);
              invertiere(0);
              infotext(stelle);
           end;
```

```
                    end;
               end;
          end;  { case }
          if stelle in [5,6,9,34..43] then p:=0;
          curs:=false;
          if buchstabe in [return,editier_ende] then curs:=true;
          if buchstabe=#27 then
          begin
             read(kbd,buchstabe);
             curs:=true;
             case buchstabe of
                #82:invertiere(0);
                cursor_links :if p>0 then p:=p-1 else
                              zeilenende:=true;
                                          { Cursor ein Zeichen zurück }
                cursor_rechts:if p<length(s) then p:=p+1;
                                          { Cursor ein Zeichen weiter }
                cursor_erase :if p<length(s) then
                                 { löscht Zeichen unter dem Cursor }
                              begin
                                 delete(s,P+1,1);
                                 write(copy(s,p+1,1),strich);
                              end;
             end {case};
          end;
          if curs and (buchstabe=cursor_rechts) and (p=length(s))
          then zeilenende:=true;
    until ((Buchstabe in Steuerzeichen) and curs) or zeilenende;
    for z:= length(s)+1 to l do s:=s+' ';
    gotoxy(x,y);
    textbackground(black);
    textcolor(farbe_daten);
    write(s);
    Eingabe:= Buchstabe
end;
```

```
procedure aendern(stelle:integer);            { Experten-System: }
                                              { Parameter ändern. }
var result,
    zuwachs      : integer;
    baud_str     : str4;
    anf          : boolean;
    fa,
    stoppbit_str,
    datbit_str,
    port_str     :str1;
    wort:str3;
    in_fang_str,
    out_fang_str: str4;
    filter_str   : array[1..24] of str3;

procedure leerstellen_wegnehmen(var wort:str80);

var c:char;
    i:integer;

begin
   i:=length(wort);
   if i>0 then
   repeat
      i:=length(wort);
      c:=copy(wort,i,1);
      if (c<'0') or (c>'9') then wort:=copy(wort,1,i-1);
   until (i<=2) or (c in ['0'..'9']) else wort:='0';
end;

begin
  if not expert then
  begin
     anf:=true;
     expert:=true;
     maske1;maske2;maske3;
```

```
end else anf:=false;
info_feld_leeren;
gotoxy(1,23);clreol;
gotoxy(1,24);clreol;
gotoxy(1,25);clreol;
invertiere(0);
invertiere(0);
textcolor(farbe_befehl);
textbackground(hintergrund);
gotoxy(70,24);clreol;
textcolor(farbe_info);
gotoxy(1,20);
write(' <#> = Ende der Eingabe ');
geaendert:=true;
with parameter do
begin
   str(baud,baud_str);
   if length(baud_str)<4 then
   repeat
      baud_str:=baud_str+' ';
   until length(baud_str)>=4;
   str(stoppbit,stoppbit_str);
   str(datbit,datbit_str);
   str(port,port_str);
   for i:=1 to 6 do for j:=1 to 2 do
   str(filter_in[i,j],filter_str[2*(i-1)+j]);
   for i:=1 to 6 do for j:=1 to 2 do
   str(filter_out[i,j],filter_str[2*(i-1)+j+12]);
end;
for i:=1 to 24 do
if length(filter_str[i])<3 then
repeat
   filter_str[i]:=filter_str[i]+' ';
until length(filter_str[i])>=3;
if fang_in then in_fang_str:='JA  ' else in_fang_str:='NEIN';
if fang_out then out_fang_str:='JA  ' else
```

```
out_fang_str:='NEIN';
with parameter do
  repeat
      infotext(stelle);
      case stelle of
      1:instring(telefon,15,10,2,Steuerzeichen,Eingabe,Stelle);
      2:instring(texte,40,10,3,Steuerzeichen,Eingabe,Stelle);
      3:instring(speicherdatei,12,67,3,Steuerzeichen,Eingabe,
                                                       Stelle);
      4:repeat
           instring(baud_str,4,2,6,Steuerzeichen,Eingabe,
                                                       Stelle);
        until pos(baud_str,'50  ¦75  ¦110 ¦150 ¦300 ¦600
              ¦1200 ¦1800 ¦2400 ¦3600 ¦4800 ¦7200 ¦9600')>0;
      5:repeat
           instring(stoppbit_str,1,16,6,Steuerzeichen,Eingabe
                                                      ,Stelle);
        until pos(stoppbit_str,'1¦2')>0;
      6:repeat
           instring(datbit_str,1,29,6,Steuerzeichen,Eingabe,
                                                       Stelle);
        until pos(datbit_str,'7¦8')>0;
      7:repeat
           instring(parity,4,42,6,Steuerzeichen,Eingabe,
                                                       Stelle);
           gross(parity,1,4);
        until pos(parity,'EVEN¦ODD ¦NONE')>0;
      8:repeat
           instring(duplex,4,55,6,Steuerzeichen,Eingabe,
                                                       Stelle);
           gross(duplex,1,4);
        until pos(duplex,'VOLL:HALB')>0;
      9:repeat
           instring(port_str,1,74,6,Steuerzeichen,Eingabe,
                                                       Stelle);
        until pos(port_str,str_port)>0;
```

```
  10..21:instring(filter_str[stelle-9],3,3+6*(stelle-10)+
         stelle div 2-5,9,Steuerzeichen,Eingabe,Stelle);
  22..33:instring(filter_str[stelle-9],3,3+6*(stelle-22)+
       stelle div 2-11,11,Steuerzeichen,Eingabe,Stelle);
  34..39:begin
           fa:='+';
           instring(fa,1,13*(stelle-33),14,Steuerzeichen
                                       ,Eingabe,Stelle);
        end;
  40..43:begin
           fa:='-';
           instring(fa,1,13*(stelle-39),17,Steuerzeichen
                                       ,Eingabe,Stelle);
        end;
  44:repeat
       instring(in_fang_str,4,62,17,Steuerzeichen,
                                       Eingabe,Stelle);
       gross(in_fang_str,1,4);
    until pos(in_fang_str,'JA  |NEIN')>0;
  45:repeat
       instring(out_fang_str,4,75,17,Steuerzeichen,
                                       Eingabe,Stelle);
       gross(out_fang_str,1,4);
    until pos(out_fang_str,'JA  |NEIN')>0;
end;
zuwachs:=1;
if (Eingabe = cursor_links) and curs then zuwachs:=-1;
if (Eingabe=cursor_oben) and curs and (stelle in [1])
then stelle:=-1;
if (Eingabe=cursor_oben) and curs and (stelle in [2])
then stelle:=1;
if (Eingabe=cursor_oben) and curs and (stelle in [4..6])
then stelle:=2;
if (Eingabe=cursor_oben) and curs and (stelle in [7..9])
then stelle:=3;
if (Eingabe=cursor_oben) and curs and (stelle in [1..9])
```

```
  then zuwachs:=-1;
  if (Eingabe=cursor_oben) and curs and (stelle in [10..21])
  then zuwachs:=-round(0.58*stelle);
  if (Eingabe=cursor_oben) and curs and (stelle in [22..33])
  then zuwachs:=-12;
  if (Eingabe=cursor_oben) and curs and (stelle in [34..39])
  then zuwachs:=-round(0.58*(88-2*stelle));
  if (Eingabe=cursor_oben) and curs and (stelle in [40..45])
  then zuwachs:=-6;
  if (Eingabe=cursor_unten) and curs and (stelle in
  [3,34..45]) then zuwachs:=6;
  if (Eingabe=cursor_unten) and curs and (stelle in
  [22..33]) then zuwachs:=round(0.58*(43-stelle));
  if (Eingabe=cursor_unten) and curs and (stelle in
  [10..21]) then zuwachs:=12;
  if (Eingabe=cursor_unten) and curs and (stelle in [4..9])
  then zuwachs:=round(1.38*stelle);
  if (Eingabe=cursor_unten) and curs and (stelle in [2])
  then zuwachs:=2;
  stelle:=stelle+zuwachs;
  if (Eingabe = cursor_top) and curs then stelle:=1;
  if (Eingabe = cursor_bottom) and curs then stelle:=45;
  if stelle < 1 then stelle:=45;
  if stelle > 45 then stelle:=1;
until Eingabe = editier_ende;
leerstellen_wegnehmen(baud_str);
val(baud_str,parameter.baud,result);
if result<>0 then aendern(4);
val(stoppbit_str,parameter.stoppbit,result);
if result<>0 then aendern(5);
val(datbit_str,parameter.datbit,result);
if result<>0 then aendern(6);
val(port_str,parameter.port,result);
if result<>0 then aendern(7);
for i:=1 to 6 do for j:=1 to 2 do
begin
```

```
      wort:=filter_str[2*(i-1)+j];
      leerstellen_wegnehmen(wort);
      filter_str[2*(i-1)+j]:=wort;
      val(filter_str[2*(i-1)+j],parameter.filter_in[i,j],
                                                    result);
      if result<>0 then aendern(2*(i-1)+j+9);
   end;
   for i:=1 to 6 do for j:=1 to 2 do
   begin
      wort:=filter_str[2*(i-1)+j+12];
      leerstellen_wegnehmen(wort);
      filter_str[2*(i-1)+j+12]:=wort;
      val(filter_str[2*(i-1)+j+12],parameter.filter_out[i,j],
                                                    result);
      if result<>0 then aendern(2*(i-1)+j+9+12);
   end;
   if pos('JA',in_fang_str)>0 then fang_in:=true else
   fang_in:=false;
   if pos('JA',out_fang_str)>0 then fang_out:=true else
   fang_out:=false;
   if fang_in or fang_out then speicher:=true;
   if not fang_in and not fang_out then speicher:=false;
   with parameter do
   begin
      if duplex='VOLL' then voll:=true else voll:=false;
      farben[1]:=chr(farbe_rahmen+32);
      farben[2]:=chr(farbe_daten+32);
      farben[3]:=chr(farbe_text+32);
      farben[4]:=chr(farbe_info+32);
      farben[5]:=chr(farbe_befehl+32);
      farben[6]:=chr(farbe_dfue+32);
   end;
   info_feld_leeren;
   if anf then expert:=false;
   if not expert then anfaenger;
   if expert then maske4a;
end;
{$v+}
```

```
procedure laden;                        { Speicher-Datei laden. }
begin
   repeat
      info_feld_leeren;
      assign(f,parameter.speicherdatei);
      datei_existiert:=true;
      {$I-}
      reset(f);
      if ioresult<>0 then datei_existiert:=false;
      {$I+}
      if not datei_existiert then
      begin
         gotoxy(20,21);
         textcolor(farbe_info);
         write('Abbruch: Speicher-Datei mit ________ löschen.');
         write(chr(7));
         delay(1500);
         aendern(3);
      end;
   until datei_existiert or
   (copy(parameter.speicherdatei,1,1)='_');
   if datei_existiert then
   begin
      if farb_da then
      Kopiere_Bildschirm(erste_seite,zweite_seite,xpos,ypos);
      clrscr;
      gotoxy(1,25);
      textbackground(hintergrund);
      write('                    Abbruch: beliebige Taste ');
      write('drücken                       ');
      gotoxy(67,25);
      write(copy(parameter.speicherdatei,1,12));
      textbackground(black);
      window(1,1,80,24);
      gotoxy(1,1);
      while (not eof(f)) and (max_speicher<=maximal-1) and
```

```
        (not keypressed) do
        begin
           max_speicher:=max_speicher+1;
           read(f,platz[max_speicher]);
           if ord(platz[max_speicher]) in [10,13,32..255] then
           write(platz[max_speicher]) else
           begin
              textbackground(red);
              write('¦');
              textbackground(black);
           end;
        end;
        if max_speicher>max_maximal then max_maximal:=max_speicher;
        if max_maximal>maximal then max_maximal:=maximal;
        close(f);
        window(1,1,80,25);
        halt1;
        if farb_da then
        Kopiere_Bildschirm(erste_seite,dritte_seite,xpos3,ypos3);
        if farb_da then
        Kopiere_Bildschirm(zweite_seite,erste_seite,xpos,ypos);
        if not farb_da then
        begin
           maske1a;
           maske2a;
           maske3a;
           maske4a;
        end;
   end;
end;

procedure speichern; { Speicher-Datei auf Diskette schreiben. }
begin
   if XModem then XM_Kontrolle;
   assign(f,parameter.speicherdatei);
   rewrite(f);
```

```
   for i:=min_speicher+1 to max_speicher do write(f,platz[i]);
   close(f);
end;

procedure demo_parameter_files; { Parameter-Dateien auflisten.}
begin
   info_feld_leeren;
   textbackground(black);
   textcolor(farbe_info);
   window(1,20,80,22);
   gotoxy(1,1);
   for i:=1 to param_nummer do
   begin
     textbackground(hintergrund);
      write(i:2);
      textbackground(black);
      write(' ',copy(param_file[i],1,length(param_file[i])-5)
                                                          ,' ');
      if i=5 then writeln;
   end;
   window(1,1,80,25);
end;

procedure sichern;     { Parameter in Parameter-Datei sichern. }

procedure schreiben;

var st:str20;
    gefunden:boolean;

begin
   geaendert:=false;
   rewrite(p);
   write(p,parameter);
   close(p);
   if param_nummer<10 then
```

```
   begin
       gefunden:=false;
       st:='';
       for i:=1 to length(dateiname) do
       begin
          c:=upcase(dateiname[i]);
          case c of 'ä':c:='Ä';
                    'ö':c:='Ö';
                    'ü':c:='Ü';
          end;
          st:=st+c;
       end;
       for i:=1 to param_nummer do
       if ((pos(st,param_file[i])>0) or (pos(param_file[i],
                                 st)>0)) and (st[1]=param_file[i][1])
       then gefunden:=true;
       if not gefunden then
       begin
          param_nummer:=param_nummer+1;
          param_file[param_nummer]:=st;
       end;
   end;
end;

begin
   demo_parameter_files;
   gotoxy(8,24);
   textbackground(hintergrund);
   textcolor(farbe_befehl);
   write('Name der Parameter.Datei (ohne .xxx): ==> ');
   readln(dateiname);
   if dateiname='' then
   begin
      gotoxy(8,24);clreol;
      textbackground(black);
      info_feld_leeren;
```

```
      exit;
   end;
   if length(dateiname)>8 then dateiname:=copy(dateiname,1,8);
   dateiname:=dateiname+'.par';
   textcolor(farbe_daten);
   textbackground(black);
   gotoxy(67,2);
   write(copy(dateiname,1,12));
   i:=length(dateiname);
   for j:=i+1 to 12 do write(' ');
   assign(p,dateiname);
   textbackground(hintergrund);
   textcolor(farbe_befehl);
   {$I-}
   reset(p);
   {$I+}
   if ioresult=0 then
   begin
      repeat
         write(chr(7));
         gotoxy(8,24);clreol;
         write('Die Datei existiert bereits. Überschreiben ?');
         write(' (J/N) ==>');
         read(kbd,c);
         c:=upcase(c);
      until c in ['J','N'];
      if c='J' then schreiben;
   end else schreiben;
   gotoxy(8,24);clreol;
   textbackground(black);
   info_feld_leeren;
end;

procedure holen;                     { Parameter-Datei laden. }
begin
   demo_parameter_files;
```

```
repeat
   write(chr(7));
   gotoxy(8,24);
   textbackground(hintergrund);
   textcolor(farbe_befehl);
   write('Nummer der Parameter.Datei (1 ..',param_nummer:1);
   write('): ==> ');
   read(kbd,c);
   write(c:1);
   i:=ord(c)-48;
until i in [1..param_nummer];
param_aktuell:=i;
dateiname:=param_file[i];
assign(p,dateiname);
{$I-}
reset(p);
{$I+}
if ioresult=0 then
begin
   geaendert:=false;
   read(p,parameter);
   close(p);
   with parameter do
   begin
      farbe_rahmen:=ord(farben[1])-32;
      farbe_daten:=ord(farben[2])-32;
      farbe_text:=ord(farben[3])-32;
      farbe_info:=ord(farben[4])-32;
      farbe_befehl:=ord(farben[5])-32;
      farbe_dfue:=ord(farben[6])-32;
   end;
   nomaske:=true;
   maske1a;maske2a;maske3a;maske4a;
   nomaske:=false;
   textcolor(farbe_daten);
   textbackground(black);
```

```
      gotoxy(67,2);
      write(copy(dateiname,1,12));
      i:=length(dateiname);
      for j:=i+1 to 12 do write(' ');
   end else
   begin
      write(chr(7));
      textbackground(hintergrund);
      textcolor(farbe_befehl);
      gotoxy(8,24);clreol;
      write('Die Datei existiert nicht.');
      delay(3000);
      gotoxy(8,24);clreol;
   end;
   textbackground(black);
   info_feld_leeren;
end;

procedure fangen;          { Gesendete bzw. empfangene Zeichen }
begin                     { in Speicher-Datei zwischenspeichern. }
   speicher:=true;
   aendern(3);
   if not fang_in and not fang_out then aendern(44);
   if not fang_in and not fang_out then aendern(45);
   if not fang_in and not fang_out then
   begin
      parameter.speicherdatei:='________.___';
      maske2a;
      speicher:=false;
   end else speicher:=true;
   maske4a;
end;

procedure zeigen;       { Den Inhalt der Speicher-Datei zeigen. }
begin
   if XModem then XM_Kontrolle;
```

```
if farb_da then
Kopiere_Bildschirm(erste_seite,zweite_seite,xpos,ypos);
clrscr;
gotoxy(1,25);
textbackground(hintergrund);
write('                              Abbruch: beliebige Taste drü');
write('cken                              ');
gotoxy(67,25);
write(copy(parameter.speicherdatei,1,12));
textbackground(black);
window(1,1,80,24);
gotoxy(1,1);
i:=min_speicher;
repeat
   i:=i+1;
   ch:=platz[i];
   if ch in [linefeed,return,#32..#255] then
   begin
      write(ch);
      if printer then write(lst,ch);
   end else
   begin
      textbackground(red);
      write('¦');
      textbackground(black);
   end;
until keypressed or (i>=max_speicher);
window(1,1,80,25);
halt1;
if farb_da then
Kopiere_Bildschirm(erste_seite,dritte_seite,xpos3,ypos3);
if farb_da then
Kopiere_Bildschirm(zweite_seite,erste_seite,xpos,ypos);
if not farb_da then
begin
   maske1a;
```

```
      maske2a;
      maske3a;
      maske4a;
   end;
end;

procedure druck_analyse;                { Ist der Drucker bereit? }
begin
   intr($11,regs);
   with regs do
   begin
      i:=ax div 2;ax:=ax mod 2;
      j:=ax div 1;
      anzahl:=4*i+j;
      druck_da:=(anzahl>0);
   end;
   if druck_da then
   begin
      waehlen:=copy(wahl,4,2);
      gross(waehlen,1,2);
      if waehlen='AN' then drucker;
      waehlen:=copy(wahl,4,3);
      gross(waehlen,1,3);
      if waehlen='AUS' then kein_drucker;
      waehlen:=copy(wahl,9,2);
      gross(waehlen,1,2);
      if waehlen='AN' then drucker;
      waehlen:=copy(wahl,9,3);
      gross(waehlen,1,3);
      if waehlen='AUS' then kein_drucker;
   end else
   begin
      gotoxy(8,24);
      textcolor(farbe_befehl+blink);
      write('Es ist kein Drucker angeschlossen.');
      delay(3000);
```

```
      gotoxy(8,24);
      textcolor(farbe_befehl);
      write('                                          ');
   end;
end;

procedure setze_max_speicher;              { der Speicher-Datei }

var st:str20;
    result:integer;

begin
   repeat
      gotoxy(8,24);clreol;
      textcolor(farbe_befehl);
      textbackground(hintergrund);
      write('Größe der Speicher-Datei verändern (');
      write(min_speicher:5,' .. ',max_maximal:5);
      write(') ==>                 ');
      gotoxy(65,24);
      readln(st);
      val(st,i,result);
      if result<>0 then write(chr(7));
   until (result=0) and (i>=min_speicher) and (i<=max_maximal);
   gotoxy(8,24);clreol;
   max_speicher:=i;
   maske4a;
end;

procedure setze_min_speicher;              { der Speicher-Datei }

var st:str20;
    result:integer;

begin
   repeat
```

```
        gotoxy(8,24);clreol;
        textcolor(farbe_befehl);
        textbackground(hintergrund);
        write('Anfang der Speicher-Datei verändern (0 .. ');
        write(max_speicher:5,') ==>                      ');
        gotoxy(65,24);
        readln(st);
        val(st,i,result);
        if result<>0 then write(chr(7));
    until (result=0) and (i>=0) and (i<=max_speicher);
    gotoxy(8,24);clreol;
    min_speicher:=i;
    maske4a;
end;
```

Starten Sie Turbo-Pascal und laden Sie das Programm VERBINDUNG. Setzen Sie die Compiler-Option auf Com-File und kompilieren Sie den Quelltext. Verlassen Sie Turbo-Pascal, und starten Sie das Programm von der Betriebssystem-Ebene aus mit VERBINDUNG.

Dieses Programm arbeitet mit Overlays,weil das gesamte Programm nicht gleichzeitig in das Code-Segment paßt. Durch die Druckbreite einer Zeile in diesem Buch mußten viele Zeilen des Editors in zwei gespalten werden. Hierduch muß der benötigte Speicherplatz ansteigen. Endet der Compiler mit der Meldung "Memory Overflow", müssen Sie weitere Prozeduren des Hilfe-Systems als Overlay-Prozeduren deklarieren. Die Overlay-Prozeduren dürfen in ihrer Reihenfolge nicht von anderen unterbrochen werden. Sie gewinnen hiermit genügend Speicherplatz.

Anhang

Materiallisten

Bild 1.3 Leuchtdioden zur Beobachtung der Schnittstelle

1 Kunststoffgehäuse

1 Buchse MinD 25polig oder 9polig

1 Stecker MinD 25polig oder 9polig

7 LEDs rot 3 oder 5 mm

7 LEDs grün 3 oder 5 mm

14 Widerstände 800Ω

Bild 1.4 Leuchtdioden mit Treiber

1 Kunststoffgehäuse

1 Buchse MinD 25polig oder 9polig

1 Stecker MinD 25polig oder 9polig

7 LEDs rot 3 oder 5 mm

7 LEDs grün 3 oder 5 mm

7 Widerstände 3,3 kΩ 1/8 W

7 Widerstände 1,5 kΩ 1/8 W

7 Dioden

14 Widerstände 330 Ω 1/8 W

2 Inverter SN 7404

3 Treiber SN 7406

Bild 1.5 und 1.6 Verbindungskabel

1 Buchse MinD 25polig oder 9polig

1 Stecker MinD 25polig oder 9polig

2 Griffkappen hierzu

1 m Kabel, mindestens 7adrig Flachband oder rund

Bild 2.7 Anzeige-Panel

1 Kunststoffgehäuse

1 Inverter SN 7404

1 Treiber SN 7406

2 LED rot
2 LED grün
4 LED orange
2 Mikroschalter 2x um
1 Schalter 4x ein/aus
4 Widerstände 470 Ω
1 DIL-Stecker 8polig
1 DIL-Buchse 8polig

Bild 2.12 Gesamtschaltung des Akustik-Kopplers

1 World-Chip Am 7910
1 Pegelwandler SN 75188
1 Pegelwandler SN 75189
2 Verstärker μ741
1 Quarz 2.4576 MHz
1 DIL-Schalter 8fach
1 Stiftleiste 26fach
1 Potentiometer 200 kΩ
1 Potentiometer 2 kΩ
1 Widerstände 100 Ω
4 Widerstände 470 Ω
8 Widerstände 1 kΩ
8 Widerstände 10 kΩ
2 Widerstände 100 kΩ
1 Widerstände 200 kΩ
1 Widerstände 1 MΩ
2 keramische Kondensatoren 20 pF
1 keramische Kondensatoren 2 nF
2 keramische Kondensatoren 0,1 μF
1 Lautsprecher 8Ω
1 Mikrofon, dynamisch
2 LED grün
2 LED rot

Der World-Chip Am 7910 kann von der Fa. Nordelectronik Vertriebs GmbH, Carl-Zeiss-Str. 6, D 2085 Quickborn, Tel. 04 10 6/72 07 2 bezogen werden.

Postbestimmungen

Die entsprechende Regelungen für Akustik-Koppler und Modems finden sich im Paragraph 8 der Fernmeldeordnung und im Paragraph 15 der Technischen Verwaltungsanweisung. Hiernach gilt:

- Der Eigenbau von Geräten ist grundsätzlich erlaubt.
- Diese Geräte dürfen nur dann benutzt werden, wenn sie von der DBP zugelassen werden.
- Alle Geräte,die die technischen und benutzungsrechtlichen Bedingungen erfüllen, werden zugelassen.
- Die Zulassung ist kostenpflichtig.

Zugelassene Geräte erhalten eine Nummer, die mit FTZ, ZZF oder DBP beginnt. Die Richtlinien können unter folgender Adresse bezogen werden:

Fernmeldetechnisches Zentralamt
D 43-DrV
Postfach 50 00
D 6100 Darmstadt

Akustik-Koppler fallen unter diese Richtlinien,weil sie als Zusatzeinrichtung gelten:"Als elektrisch verbunden gelten Zusatzeinrichtungen, die dauernd oder vorübergehend galvanisch,induktiv, kapazitiv oder elektroakustisch mit der Fernmeldeeinrichtung gekoppelt sind." Die Richtlinien für Akustik-Koppler finden sich unter der Nummer FTZ 18 R 13. Zusätzlich gelten die Richtlinien FTZ 18 R 1 und FTZ 12 R 20. Ein Selbstbau-Gerät erhält nach erfolgreicher Prüfung eine Einzelzulassung. Der Antragsteller muß erklären, daß das Gerät den VDE-Bestimmungen entspricht. Der Antrag muß an das

Zentralamt für Zulassungen im Fernmeldewesen
Talstr. 34-42
Postfach 30 50
D 6600 Saarbrücken

gerichtet werden. Beizufügen sind:

- Name und Anschrift des Antragstellers,
- Bezeichnung der Einrichtung (Akustik-Koppler),
- Kurzbeschreibung des Verwendungszwecks (Datenfernübertragung),
- Art der gewünschten Zulassung (Einzelzulassung),
- Verpflichtung, die Kosten zu übernehmen,
- Erklärung über Einstrahlstörfestigkeit nach FTZ 12 R 20,
- Erklärung zu den VDE-Bestimmungen,
- Schaltbild und
- Prüfmuster (Einzelstück).

Die Kosten betragen ca. 100,- DM pro Stunde bei serienmäßiger Herstellung des Gerätes. Bei Einzelgeräten kommt die DBP dem Kunden entgegen.

Für Datex-P-Anschlüsse gelten folgende Regeln:

- Der Datex-Anschluß wird nur für die beantragte Übertragungsgeschwindigkeit überlassen. Geringere Geschwindigkeiten sind unter bestimmten Voraussetzungen möglich (Erlaubte Übertragungsgeschwindigkeiten: 300, 1200/75, 1200, 2400, 4800, 9600 und 48000 bit/s).
- Die Angabe der FTZ-Zulassungsnummer der Datenendeinrichtung ist unbedingt erforderlich.Es dürfen nur solche angeschlossen werden, die den Schnittstellenbedingungen der DP entsprechen und vom Zentralamt für Zulassungen im Fernmeldewesen geprüft und zugelassen sind.
- Ein Starkstromanschluß muß vorhanden sein.

Bei Datex-P10H-Anschlüssen müssen noch angegeben werden:

- Zusätzliche Protokolle (P20B(X.29), 32B, 33B oder P42B).
- Die physikalische Schnittstelle der Datenendeinrichtung (X.21 bis(V.24), X.21 oder V.11).
- Anzahl der logischen Kanäle und die
- gewählten bzw. festen (maximal 120) virtuellen Verbindungen.

Literaturhinweise

Datenfernübertragung

Klaus-Dieter Tillmann: DFÜ - Datenfernübertragung im Apple-Pascal-System. Friedr. Vieweg & Sohn, ISBN 3-528-04446-2

Frankfurter Allgemeine Zeitung: Sonderbeilage vom 27.10.1986

Peter Welzel: Datenfernübertragung. Friedr. Vieweg & Sohn, ISBN 3-528-04369-5

Harald Schumny: Lehrbuch der Nachrichtentechnik und Datenfernverarbeitung. Friedr. Vieweg & Sohn, ISBN 3-528-04072-6

Bruno Hurth, Manfred Hurth: Das Modembuch zur DFÜ. Sybex, ISBN 3-88745-619-X

Bruno Hurth: Mailbox-Führer. Sybex, ISBN 3-88745-663-7

Das Modem-Sonderheft Nr. 87, Datenfernübertragung mit Mikrocomputern, MC-Zeitschrift, Francis-Verlag

Alles über Akustik-Koppler und Datenfernübertragung, Chip-Zeitschriften 1985 und 1986

World-Chip Am 7910

Preliminary Data, Advanced Micro Devices, USA (deutsche Adresse Advanced Micro Devices GmbH, Rosenheimer Str. 139, D 8000 München 80)

Turbo-Pascal

Turbo-Pascal-Handbuch, Heimsoeth Software, Fraunhoferstr. 13, Postfach 140 280, D 8000 München 5

R. Baumgartner, S. Hansjakob, W. Praxl: Turbo-Pascal in Theorie und Praxis. IWT Software Service, ISBN 3-88322-168-6 (für Fortgeschrittene und Experten)

Ekkehard Kaier,Erwin Rudolfs: Turbo-Pascal-Wegweiser für Mikrocomputer. Friedr. Vieweg & Sohn, ISBN 3-528-04443-8 und 3-528-14415-7

Register des UART 8250

David C. Willen, Jeffrey I. Krantz: IBM PC/XT Assembler, Programmierung CPU 8088. te-wi Verlag GmbH, ISBN 3-921803-59-4

Kleines Lexikon der DFÜ-Begriffe

ACI 8250 : "Asynchron Communication Interface". Der ACI 8250 ist ein Baustein, der den Datenverkehr der seriellen Schnittstelle regelt (siehe auch UART 8250).

Adressen : Alle Speicherplätze werden über eine Adresse angesprochen. Auch das serielle Interface wird über die Adresse $3F8 etc. angesprochen.

Akustik-Koppler : Gerät,das elektrische Rechteck- oder Sinus-Signale in Tonschwankungen umwandelt (und umgekehrt), die dann über das Telefonnetz übertragen werden können.

Am 7910 s. World Chip : Ein hochintegrierter Baustein in N-MOS-Technik für die Signalumwandlung im Akustik-Koppler.

Amplitude : Größte Auslenkung bei einer Schwingung (akustische oder elektrische).

Amplitudenmodulation : Die Veränderung einer Amplitude im Takt eines Signals.

Answer : Das höhere Frequenzpaar einer Datenfernübertragung (der "Angerufene").

Anzeige-Panel : Frontplatte des Akustik-Kopplers mit Leuchtdioden zur Anzeige der Signalzustände.

Backup : Sichern des Datenbestandes auf eine Diskette oder auf ein Band.

Baud : Einheit der Übertragungsgeschwindigkeit (1 Baud = 1 bit/s).

Betriebsmodus : Betriebsart des Akustik-Kopplers bzw. des Terminalprogramms: Übertragung oder Test.

Bildschirm-Speicher : Der Bereich des RAM-Speichers,in dem der Bildschirminhalt abgespeichert wird.

Bildschirm-Editor : Ein Programm, mit dessen Hilfe man auf dem gesamten Bildschirm Texte eintragen kann.

Bit : Kleinste Informationseinheit "Null" oder "Eins", elektrisch "keine Spannung" bzw. "Spannung".

Btx : "Bildschirmtext". Datenübertragungsnetz der Deutschen Bundespost über den Telefonanschluß. Man benötigt noch einen speziellen Anschluß und einen Btx-tauglichen

Fernseher.

Bustopologie : Konzept des Datenaustausches in einem lokalen Netz (siehe Ringtopologie und Netztopologie). Daten können gleichzeitig auf den Bus gegeben werden. Die Endgeräte sind alle über einen gemeinsamen Datenbus verbunden.

CEPT : Internationaler Standard im Btx-Verkehr: Conference Europeene des Administration des Postes et Telecommunication.

CCITT G651 : Norm für Glasfaser

CCITT V.24 : Norm für V.24-Schnittstellen

COM: : Bezeichnung für serielle Schnittstellen im Industriestandard (IBM XT).

CPU : "Central Processing Unit";Herz eines Rechners. Der IBM XT hat als CPU einen 8088-Mikroprozessor von Intel.

Crosstalk : Kommerzielles Datenfernübertragungsprogramm. Crosstalk ist ein Programm, das Maßstäbe gesetzt hat.

CTS : "Clear To Send"; Steuerleitung bei der seriellen Datenübertragung zwischen Computer und Peripherie.

Datenbank : Elektronische Bücherei.

Datenbits : 7 oder 8 Bits, die Daten beinhalten. Bei 7 Bits können 128 verschiedene Zeichen, bei 8 Datenbits 256 verschiedene Zeichen übertragen werden.

Datenendgerät : Von der Post genehmigtes Gerät, das an das Telefon bzw. Modem angeschlossen werden darf. Hier: Ein Computer oder eine Modembox.

Datex-P 20 : Digitales Datenübertragungsnetz der Bundespost.

Dämpfung : Abnahme der Signalstärke.

DCD : "Data Carrier Detected"; Steuerleitung bei der seriellen Datenübertragung zwischen Computer und Peripherie.

Decoder : Gerät zur Anpassung verschiedener Datenformen. Hier: Gerät für Btx im Fernseher.

DIN 66020 : Norm der seriellen Schnittstelle.

DSR : "Data Set Ready"; Steuerleitung bei

der seriellen Datenübertragung zwischen Computer und Peripherie.

DTR : "Data Terminal Ready"; Steuerleitung bei der seriellen Datenübertragung zwischen Computer und Peripherie.

Echosperre : Elektronische Sperre für Reflexionen im Telefonnetz.

EIA RS-232-C : Norm für serielle Schnittstellen.

Einerkomplement : Im "Dualsystem" wird bei bestimmten Operationen eine "Null" in eine "Eins" und umgekehrt verwandelt.

Fehler :

- Parität : Bei der Datenübertragung werden die übertragenen Bits addiert und zur Kontrolle ein Paritätsbit gesendet. Stimmen beide nicht überein, liegt ein Paritätsfehler vor.

- Rahmen : Zeichen sind verstümmelt.

- Überlauf : Zeichen kommen zu schnell rein.

Fernmeldeordnung der Post: Regelwerk der Post, damit die Datenübertragung im Postnetz fehlerfrei erfolgen kann.

Freeware : Programme auf dem freien Markt ohne Copyright-Schutz.

Frequenzmodulation : Änderung der Frequenz einer Schwingung im Takt eines Signals.

FSK : "Frequency Shift Keying"; Spezielle Frequenzmodulation bei Akustik-Kopplern.

FTZ-Nummer : Von der Bundespost erteilte Nummern, die es dem Benutzer gestatten, das Gerät zu betreiben.

Halbduplex : Übertragungsart, bei der einer der Beteiligten auf die Antwort des anderen warten muß.

Hardware : Alles, was man anfassen kann.Die Geräte, Kabel und Karten eines Computers.

Hilfe-System : In einem Programm eingebaute Erläuterungen, so daß der Benutzer schneller mit dem Programm vertraut wird.

Hotline : Telefonanschluß für Verbraucherwünsche und -beschwerden.

ID : "Identity"; Erkennungsmerkmal

Impedanz : Wechselstromwiderstand; Der Widerstand eines Gerätes hängt von der Frequenz des Stromes ab.

Initialisierung : Anpassung eines Gerätes an bestimmte Erfordernisse. Hier: Setzen der Übertragungsparameter.

Interruptsteuerung : Unterbrechung eines Programms bei Vorliegen bestimmter Ereignisse. Hier: Beim Empfang eines Zeichens.

ISDN : Das "Integrated Services Digital Network" ist die zusammenfassende Bezeichnung für digitale Datenübertragungsnetze,an die auch analoge Geräte angeschlossen sind.

ISO-Referenzmodell : Schichtenmodell der "International Organization for Standardization" für die Kommunikation offener Systeme.

Kanal : Frequenzpaar bei der Datenfernübertragung. Es gibt zwei Paare ("Answer" und "Originate").

Kermit : Kommerzielles Datenübertragungsprogramm.

Koaxialkabel : Abgeschirmtes Kabel mit einem Zentralleiter.

Kopplung : Verbindung des Computers mit dem Telefonnetz.

LAN : "Local Area Network"; Datenübertragung zwischen Computern. Die Grundstücksgrenzen dürfen nicht überschritten werden.

Leitstelle : Zentrale im Btx-Verkehr.

Lichtwellenleiter : Glasfaser zur Übertragung von Daten. Vorteile: hohe Übertragungsraten und -mengen, aber hohe Kosten.

LineFeed : Zeichen #10.Läßt den Cursor oder den Schreibkopf des Druckers einen Zeilenvorschub ausführen.

LogOn : Protokoll, um sich bei einem Rechner anzumelden.

LSB : "Least Significant Bit". Die unteren 8 bit eines 16-Bit-Wortes.

Mailbox : Elektronischer Briefkasten.

MDB 1200-01 bis 03 : Preisgünstig zu mietende Modemboxen der Bundespost.

Mite : Kommerzielles Datenübertragungsprogramm.

Modem : Verbindung zwischen Computer und Telefonnetz. Kann nur von der Bundespost gemietet werden. Vorteile: größere Übertragungssicherheit und -geschwindigkeit.

- Hayes : Modem aus den USA mit vielen Möglichkeiten.

Modembox : Gerät zwischen Modem und Computer. Gilt postalisch als Endgerät,so daß der Computer nicht mehr von der Post abgenommen zu werden braucht.

Modemkern : Modem,das in eine Modembox geschoben werden kann.

Move-it : Kommerzielles Datenübertragungsprogramm.

MSB : "Most Significant Bit". Die oberen 8 bit eines 16-Bit-Wortes.

Netztopologie : Konzept des Datenaustausches in einem lokalen Netz (siehe Bustopologie und Ringtopologie). Übergeordneter Begriff.

Netzwerk : Verbund mehrerer Computer.

NUA : Datex-Telefonnummer.

NUI : Benutzerkennung in Datex-P.

Originate : Das niedere Frequenzpaar einer Datenfernübertragung (der "Anrufer").

PAD : Knotenpunkt im Datex-P-Netz. Organisiert den Versand eines Datenpaketes und paßt Übertragungsparameter an.

Parameter : Bedingungen der Datenübertragung. Hierzu gehören das Startbit, die Datenbits, das Paritätsbit,die Stoppbits, die Übertragungsgeschwindigkeit und die Duplex-Abmachung.

Parameter-Datei : Datei,in der die Parameter abgespeichert sind.

Parität : Summe aller Bits eines Datensatzes. Hierdurch können Übertragungsfehler erkannt werden.

Paßwort : Schutz vor Eindringlinge durch ein Kennwort.

Pegel : Verhältnis zweier Spannungen. Hier: Die Spannungszustände -12 V und +12 V.

Pegelwandler : Ein Baustein, der +5 V in -12 V und 0 V in +12 V umwandelt.

Peripherie : Geräte, die an den Computer angeschlossen werden, z.B. ein Drucker.

Plink : Kommerzielles Datenübertragungsprogramm.

Polling : Dauerndes Warten in einem Programm auf eingehende Zeichen.

Port : Bezeichnung für serielle Schnittstellen beim IBM XT.

Protokoll : Abmachungen bei der Datenübertragung. Bekannt sind die Protokolle ETX/ACK, XModem und Xon/Xoff.

Public Domain : Programme auf dem freien Markt ohne Copyright-Schutz.

Quarz : Baustein mit einer sehr stabilen Frequenz.

RD : "Receive Data"; Datenempfangsleitung bei der seriellen Datenübertragung zwischen Computer und Peripherie.

Register : Speicherbausteine mit einer bestimmten Funktion. Hier: Sie steuern die Datenübertragung.

Return : Zeichen #13.Läßt den Cursor oder den Schreibkopf des Druckers an den Anfang einer Zeile springen.

Ring (Leitung) : Steuerleitung zum automatischen Wählen (Verbindung Akustik-Koppler-Rechner).

Ring (Speicher) : Ist die Speicher-Datei voll, werden die ersten Zeichen wieder überschrieben.

Ringtopologie : Konzept des Datenaustausches in einem lokalen Netz (siehe Bustopologie und Netztopologie). Daten werden nur in eine Richtung auf den ringförmigen Bus gegeben. Die Übertragung ist kollisionsfrei.

$\overline{\text{RTS}}$: "$\overline{\text{Request To Send}}$";Steuerleitung bei der seriellen Datenübertragung zwischen Computer und Peripherie.

Schattenmodus : Bestimmte Register besitzen nur eine

Adresse, führen jedoch Unterschiedliches aus, je nach dem, wie das Register angesprochen wird.

Schieberegister : Wandelt parallele Daten in serielle und umgekehrt um.

Schnittstelle : Verbindung des Computers mit anderen Geräten. Man unterscheidet:

- **Centronics** : Parallele Datenübertragung mit Steuerleitungen.

- **seriell** : Serielle Datenübertragung mit Steuerleitungen.

- **V.24** : Serielle Übertragung mit den beiden Niveaus +12 V und -12 V.

Sidetalk : Kommerzielles Datenübertragungsprogramm mit residentem Code.

Smarty : Gerät zwischen Modem und Computer. Gilt postalisch als Endgerät,so daß der Computer nicht mehr von der Post abgenommen zu werden braucht.Smarty ist eine spezielle Modembox.

Speicher-Datei : Datei in RAM, die Zeichen zwischenspeichert.

Startbit : Erstes Bit einer seriellen Datenübertragung zur Synchronisation des Empfängers.

Steuerleitungen : Steuern das Verhalten von Sender und Empfänger. Stimmen beide aufeinander ab.

Stoppbit : Beendet die Übertragung eines Zeichens.

synchron-asynchron : Zwei Übertragungsarten der seriellen Übertragung. Bei der synchronen Übertragung benötigen beide Beteiligten einen gemeinsamen Taktgeber.Bei der asynchronen Übertragung werden beide bei jedem Byte durch das Startbit neu aufeinander abgestimmt.

Takt : Durch einen Quarz bestimmtes Zeitintervall zur Abstimmung der Partner.

Tastatur-Belegung : Durch Drücken z.B. der Funktionstasten können ganze Sätze dem Computer übergeben werden. Der Inhalt ist frei veränderlich.

TD : "Transmit Data"; Datensendeleitung der seriellen Datenübertragung zwischen Computer und Peripherie.

Teiler : Baustein,der die hohe Quarzfrequenz in kleinere unterteilt.

Testmodus : Betriebsart des UART oder des World-Chips, mit dem man beide testen kann.

TTL-Logik/Pegel : Spannungen, die nur die beiden Werte 0 V und +5 V annehmen können.

UART 8250 : "Universal Asynchronous Receiver Transmitter". Der UART 8250 ist ein Baustein, der den Datenverkehr der seriellen Schnittstelle regelt (siehe auch ACI 8250).

Übertragungsgeschwindigkeit: Geschwindigkeit, mit der die Daten übertragen werden, gemessen in Baud bzw bit/s.

Übertragungsprotokolle : Abmachungen bei der Datenübertragung. Bekannt sind die Protokolle ETX/ACK, XModem und Xon/Xoff.

- **Auto** : Protokoll in VERBINDUNG,das nach dem Senden einer Zeile auf eine Antwort wartet.

- **ETX/ACK** : Protokoll für Teletypes.

- **XModem** : Protokoll,bei dem Datenpakete zu 128 Bytes mit zusätzlichen Kontrollzeichen verschickt werden.

- **Xon/Xoff** : Protokoll, bei dem in den Datenfluß eingestreute Kontrollzeichen den Verkehr regeln.

Verzögerung : Nach jedem Zeichen kann eine Pause eingelegt werden, damit der Empfänger zeitlich nicht überfordert wird.

Vollduplex : Übertragungsart, bei der beide Partner gleichberechtigt sind.

WAN : "Wide Area Networks". Datenverbund über öffentliche Netze (Telefon etc.).

Wechselstromwiderstand (Impedanz): Der Widerstand eines Verbrauchers hängt von der Frequenz des Stromes ab.

World Chip Am 7910 : Hochintegrierter Baustein in N-Mos-Technik für Akustik-Koppler.

Zeichenfilter : Teil eines Programms,das Zeichen umwandelt oder löscht.

ZZF-Nummer : Von der Bundespost erteilte Nummern, die es dem Benutzer gestatten, das Gerät zu betreiben.

Sachwortverzeichnis

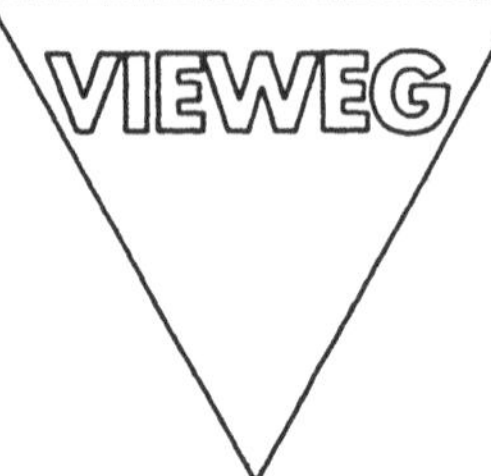
VIEWEG